国网能源研究院有限公司
STATE GRID ENERGY RESEARCH INSTITUTE CO., LTD.

U0563962

2024
新型电力系统发展
分析报告

国网能源研究院有限公司 编著

中国电力出版社
CHINA ELECTRIC POWER PRESS

图书在版编目（CIP）数据

新型电力系统发展分析报告. 2024 / 国网能源研究
院有限公司编著. -- 北京：中国电力出版社，2025. 6.
ISBN 978-7-5198-9806-9

Ⅰ. F416.61

中国国家版本馆 CIP 数据核字第 2025PY5251 号

出版发行：中国电力出版社
地　　址：北京市东城区北京站西街 19 号（邮政编码 100005）
网　　址：http://www.cepp.sgcc.com.cn
责任编辑：安小丹（010-63412367）
责任校对：黄　蓓　王海南
装帧设计：赵姗姗
责任印制：吴　迪

印　　刷：北京瑞禾彩色印刷有限公司
版　　次：2025 年 6 月第一版
印　　次：2025 年 6 月北京第一次印刷
开　　本：787 毫米 × 1092 毫米　16 开本
印　　张：12
字　　数：170 千字
印　　数：0001—1500 册
定　　价：258.00 元

版 权 专 有　侵 权 必 究

本书如有印装质量问题，我社营销中心负责退换

声　明

一、本报告著作权归国网能源研究院有限公司单独所有。如基于商业目的需要使用本报告中的信息（包括报告全部或部分内容），应经书面许可。

二、本报告中部分文字和数据采集于公开信息，相关权利为原著者所有，如对相关文献和信息的解读有不足、不妥或理解错误之处，敬请原著者随时指正。

国网能源研究院有限公司

2024 年度分析报告系列丛书

编 委 会

主　　任　欧阳昌裕

委　　员　魏　玢　袁兆祥　李伟阳　王耀华　李　健
　　　　　单葆国　董力通　柴高峰　王　庆　左新强
　　　　　张　勇　鲁　刚　郑海峰　韩新阳　代红才
　　　　　魏　哲　李成仁　郭　磊　黄碧斌　谭显东
　　　　　张晓萱

《新型电力系统发展分析报告 2024》

编 写 组

负 责 人　王旭斌

编写审核　张　琛　吴洲洋　丁玉成　张　幸　谢光龙
　　　　　朱　瑞　熊宇威　田　鑫　刘卓然　吴丹曼
　　　　　张希凤　边海峰　代贤忠　韩新阳　靳晓凌
　　　　　张　钧　柴玉凤　元　博　夏　鹏　张　超
　　　　　孙启星　李元贞　林志光　孟子涵　王轶楠

指导专家　王　雪　冯凯辉　张晋芳

前　言

　　随着新能源的快速开发利用，电力生产结构加快调整，电力系统基础发生深刻变化，新型电力系统正处于加速转型期。近两年来，从中央到地方关于新型能源体系、新型电力系统的建设方向和重点进一步明确。2024 年 3 月，习近平总书记在中共中央政治局第十二次集体学习时指出，要应对我国能源发展面临的一系列挑战，出路就是大力发展新能源。2024 年 7 月，党的二十届三中全会审议通过的《中共中央关于进一步全面深化改革、推进中国式现代化的决定》提出，加快规划建设新型能源体系，完善新能源消纳和调控政策措施。2024 年 7 月，国家发展改革委、国家能源局、国家数据局联合印发的《加快构建新型电力系统行动方案（2024－2027 年）》提出，开展 9 项专项行动，加快推进新型电力系统建设，为实现碳达峰目标提供有力支撑。

　　《新型电力系统发展分析报告》是国网能源研究院有限公司 2024 年度系列分析报告之一。2023 年首次出版，今年是第 2 年。本报告结合近年新型电力系统发展情况，立足近期需要解决的关键问题，进行年度滚动分析。在持续跟踪国内外电力系统转型发展基础上，一方面深化新型电力系统形态、科技、机制等发展分析，另一方面从清洁低碳、安全充裕、经济高效、供需协同、灵活智能五个维度构建新型电力系统发展评估体系，对比分析国内外转型进展，给出相关启示，以期为政府、企业及科研机构提供专业信息和决策参考。

　　本报告共分为 6 章。第 1 章为新型电力系统概况，分析发展形势、发展趋势；第 2 章为新型电力系统形态演进，从物理形态、数智赋能赋效等方面，系统分析新型电力系统演进情况，并从五个维度进行发展评估分析；第 3 章为科技创新驱动，分析基础性、关键性、颠覆性技术创新对新型电力系统演进的影响；第 4 章为治理机制保障，从政策体系、规划机制、市场机制、安全保障、业态模式等维度，分析新型电力系统构建过程中的政策和机制需求；第 5 章为国际电力系统转型实践，多维度评估典型国家和地区电力系统发展，并分析提出相关启示；第 6 章为专题研究，选取当前新型电力系统热点问题进行专题分析。

　　本报告中的电源结构、电网规模、负荷特性等指标数据，尽可能采用 2024、2023 年数据；受限于数据来源渠道，部分指标采用 2022 年数据。

　　限于作者水平，虽然对书稿进行了反复研究推敲，但难免仍会存在疏漏与不足之处，期待读者批评指正！

编著者

2024 年 10 月

目　录

前言

概论 *1*

1　新型电力系统概况 *11*

　1.1　发展形势 ·· 12

　1.2　发展趋势 ·· 14

　　1.2.1　电源形态 ··· 14

　　1.2.2　电网形态 ··· 14

　　1.2.3　负荷形态 ··· 15

　　1.2.4　储能形态 ··· 15

2　新型电力系统形态演进 ·································· *17*

　2.1　物理形态演进 ··· 18

　　2.1.1　多元化供应体系构建 ······················· 18

　　2.1.2　多形态电网协同发展 ························· 19

　　2.1.3　多样化负荷柔性互动 ························· 25

　　2.1.4　多类型储能优化布局 ························· 27

　2.2　数智赋能赋效 ··· 30

　　2.2.1　数字化升级驱动 ······························· 30

　　2.2.2　智能化融合互动 ······························· 32

　2.3　发展评估分析 ··· 35

　　2.3.1　清洁低碳 ··· 37

　　2.3.2　安全充裕 ··· 41

　　　2.3.3　经济高效 ·· 48

　　　2.3.4　供需协同 ·· 51

　　　2.3.5　灵活智能 ·· 56

3　科技创新驱动 **59**

　2.1　基础性技术创新发展 ·· 60

　3.2　关键性技术创新应用 ·· 61

　　　3.2.1　常规电源清洁利用技术 ·· 61

　　　3.2.2　新能源构网型技术 ·· 63

　　　3.2.3　柔性交直流输电技术 ··· 66

　　　3.2.4　智慧配用电技术 ··· 72

　　　3.2.5　长时储能技术 ·· 73

　3.3　颠覆性技术创新突破 ·· 78

　　　3.3.1　可控核聚变技术 ··· 78

　　　3.3.2　超导传输技术 ·· 79

　3.4　电力产业链协同发展 ·· 80

4　治理机制保障 **82**

　4.1　电力政策体系 ··· 83

　　　4.1.1　国家层面统领类 ··· 83

　　　4.1.2　行业发展战略规划类 ··· 85

　　　4.1.3　地方推进实施类 ··· 89

　4.2　协同规划机制 ··· 95

　　　4.2.1　新能源与调节资源的协同规划 ································· 95

　　　4.2.2　新能源基地与电网的协同规划 ································· 97

　　　4.2.3　大电网与分布式系统的协同规划 ······························ 98

　4.3　市场价格机制 ·· 100

　　　4.3.1　系统成本变化趋势 ··· 100

  4.3.2 安全保供市场价格机制 ·· 103

  4.3.3 新能源消纳市场价格机制 ······································ 105

 4.4 安全保障机制 ··· 107

  4.4.1 安全责任共担机制 ·· 107

  4.4.2 安全风险管控机制 ·· 108

  4.4.3 应急协同保障机制 ·· 109

 4.5 业态模式创新 ··· 110

  4.5.1 业态模式特性与趋势 ·· 110

  4.5.2 典型业态模式创新 ·· 111

5 国际电力系统转型实践   *115*

 5.1 发展概况 ·· 116

 5.2 典型国家和地区电力系统发展评估分析 ······················ 120

  5.2.1 清洁低碳 ·· 120

  5.2.2 安全充裕 ·· 126

  5.2.3 经济高效 ·· 131

  5.2.4 供需协同 ·· 137

  5.2.5 灵活智能 ·· 144

 5.3 美国电力系统 ··· 148

  5.3.1 转型背景 ·· 148

  5.3.2 重点举措 ·· 149

  5.3.3 相关启示 ·· 152

 5.4 日本电力系统 ··· 153

  5.4.1 转型背景 ·· 153

  5.4.2 重点举措 ·· 154

  5.4.3 相关启示 ·· 155

 5.5 欧洲电力系统 ··· 155

5.5.1 转型背景 ……………………………………………………… 155

5.5.2 重点举措 ……………………………………………………… 156

5.5.3 相关启示 ……………………………………………………… 160

5.6 澳大利亚电力系统 ……………………………………………… 160

5.6.1 转型背景 ……………………………………………………… 160

5.6.2 重点举措 ……………………………………………………… 161

5.6.3 相关启示 ……………………………………………………… 162

6 专题研究 *164*

6.1 国内外智能微电网发展现状及趋势分析 …………………… 165

6.1.1 现状规模 ……………………………………………………… 165

6.1.2 功能定位 ……………………………………………………… 166

6.1.3 运营模式 ……………………………………………………… 167

6.1.4 发展趋势 ……………………………………………………… 168

6.1.5 积极构建"两自四化"智能微电网的建议 ……………… 169

6.2 新能源汽车充放电对电网支撑价值分析 …………………… 170

6.2.1 新能源汽车发展趋势及充电负荷特性 ………………… 170

6.2.2 充电负荷的可转移特性 ………………………………… 172

6.2.3 推进车网互动进一步规模化应用的措施建议 ………… 174

6.3 新型电力系统适应气候风险的主动安全防御策略 ……… 175

6.3.1 气象灾害总体特征 ……………………………………… 175

6.3.2 气象灾害影响机理 ……………………………………… 176

6.3.3 主动安全防御能力提升策略 …………………………… 178

参考文献 ……………………………………………………………… 180

致谢 …………………………………………………………………… 182

概　　论

　　构建新型电力系统是助力实现"双碳"目标的关键载体，是长远保障能源安全的战略选择，是应对好能源转型挑战的有效举措。新型电力系统建设受到政策、机制、技术、产业等内外部多重因素影响，需要坚持科技、机制创新双轮驱动，统筹各组成要素协同推进，加快形成电力新质生产力、创新新型生产关系，夯实新型电力系统高质量发展基础。当前，全球能源供需版图深度调整，统筹推进能源安全保障与绿色低碳转型，是世界各国高度关注的重大问题。积极发展清洁能源、推动经济社会绿色低碳转型，成为各国应对气候变化的普遍共识。我国正在大力推动新能源高质量发展，电力系统结构和特性深刻变化，处于新型电力系统加速转型期。

　　在此形势下，本报告研判新型电力系统面临形势和发展趋势，从物理形态、数智赋能等维度分析形态演进情况，建立新型电力系统发展评估体系，系统评估分析当前新型电力系统建设情况，从科技创新、治理机制创新双轮驱动力角度分析新型电力系统发展关键问题和对策，并结合国际电力系统转型实践，综合对比中国与其他典型国家和地区电力系统建设情况，提出启示建议。聚焦热点问题，从智能微电网建设、车网互动发展、气候风险防范等方面进行专题研究。

　　（1）源网荷储多要素协调发展，常规电源支撑调节、新能源装机占比不断提升的多元供应体系加快构建，大电网、微电网等协同发展的新型电网要素承载能力持续提升，算力基础设施用电增长迅速，助推电力需求较快增长，新型储能呈现集约化、规模化迅猛增长趋势，数字化智能化赋能赋效能力不断增强。

多元化供应体系构建方面，煤电装机占比持续下降的同时发挥兜底保供作用，新能源装机容量首次超过煤电，煤电机组灵活性改造提前完成。截至 2024 年 6 月，全国全口径发电装机容量 30.7 亿 kW，其中，非化石能源发电装机容量 17.1 亿 kW，占比突破 50%。煤电装机容量为 11.7 亿 kW，装机占比下降至 40% 以下，但发电量占比近六成。风光新能源装机容量达到 11.8 亿 kW，占比达到 38.4%，首次超过煤电。1－6 月非化石能源发电量同比增加 2935 亿 kW·h，占同期全社会用电量增量的 84.2%。煤电灵活性改造累计完成超过 3 亿 kW，提前并超额完成"十四五"规划目标。

多形态电网协同发展方面，以安全稳定的特高压输变电为载体、以坚强可靠的主网为枢纽的新能源供给消纳体系稳步建设，分布式智能电网、智能微电网、源网荷储一体化作为有效补充的电网形态逐步发展。截至 2024 年 6 月底，全国已建成投运"19 交 20 直"特高压交直流工程，送端电网支撑沙漠戈壁荒漠大型风电光伏基地电力送出，受端电网完善特高压网架支撑，提升区域电力互济能力，输电能力超过 3 亿 kW 的"西电东送"有效支撑了中东部地区约 1/5 的用电需求。安全高效、清洁低碳、柔性灵活、智慧融合的新型配电系统加快建设，城市配电网以柔性互动为关键，市场激励机制下用户用能形式多样化，虚拟电厂、共享储能等新模式广泛应用，大幅提升配电网的运营潜力；农村配电网以资源合理利用、经济高效配置、电力安全供应为目标，分布式电源就地就近分层接入电网，分布式智能电网、智能微电网具备一定的区域自平衡和自安全能力。

多样化负荷柔性互动方面，全国全社会用电量总体保持较快增长，数据中心等算力基础设施用电量尤为突出。2023 年，全国全社会用电量同比增长 6.7%，电力消费结构持续优化，第二、第三产业用电量增速明显，分别达到 6.5%、12.2%，是拉动全社会用电量增长的主要动力。算力基础设施快速发展，数据中心用电量近年来激增，从 2018 年的 1608 亿 kW·h 增加至 2023 年的 3421 亿 kW·h，增长 112.7%，占当年全社会用电量的比重从 2.3% 上升至 3.7%，绿电使用率达到

22%。

多类型储能优化布局方面，新型储能是增长主力，源网荷各侧加快应用，应用能效逐步改善。截至 2023 年底，我国储能累计装机规模 8650 万 kW，其中，抽水蓄能装机占比 59.4%，新型储能装机占比 39.9%，规模为 3450 万 kW/7450 万 kW·h，同比增长超过 150%。2024 年二季度新投运新型储能共计 801 万 kW/1987 万 kW·h，其中，电网侧装机规模最大，达 636 万 kW/1533 万 kW·h。新能源配储日均运行小时数从 2022 年的 1.44h 提升到 2023 年的 2.18h，平均等效充放电次数 104 次。用户侧储能日均运行小时数从 2022 年的 9.6h 提升到 2023 年的 14.25h，平均等效充放电次数 317 次。

数智赋能赋效方面，充分利用先进数字化智能化技术为物理电网赋能，强化电力系统的精准感知、可靠传输、数据融通、强大算力及安全可信能力。多元化监测装置与智能技术提升了输电线路与变电站的状态感知水平，通信能力的升级确保了数据传输的高效与安全，平台基础支撑能力的增强，实现了服务调用量的显著增长和内外部应用场景的全面覆盖。通过"电力"与"算力""数力"和"智力"的深度融合，优化了电力系统的能量流、业务流和价值流，推动新模式、新业态的发展，为新型电力系统的全面建设与升级提供坚实的技术支撑。

（2）科技创新驱动力进一步增强，新一代电力系统仿真平台多维复杂安全分析能力有效提升，主动支撑、柔性灵活、智慧互动的源网荷储关键性技术创新应用，可控核聚变、超导传输等颠覆性技术仍在积极探索。

基础性技术方面，进一步提升系统运行控制能力。超大型电力系统电磁暂态仿真平台发挥更大作用，开展多时间尺度、多运行方式、多典型场景仿真分析，规模达到上万节点，实现了对含多回直流和高比例新能源的大规模电网的微秒级电磁暂态仿真，可以有效支撑新型电力系统科学构建和安全运行。

关键性技术方面，强化技术攻关并推动示范应用。煤电灵活性改造技术成熟、综合能效高、路线多，目前对机组运行安全性的影响逐步凸显，运维成本也显著增加，CCUS 技术面临着成本高、商业模式不明确、政策支持不足等挑战，预计 2035 年左右具备经济性。新能源构网型技术示范应用持续推进，对系统的惯量、电压、频率、黑启动等主动支撑能力进一步提升，逐步从小容量系统向大规模系统推广应用。大容量柔性直流输电技术应用需求大幅增加，积极推进柔性直流双向输电、多端柔性直流输电、混合多端柔性直流输电技术发展及工程应用，发挥灵活柔性组网、坚强电网支撑和灵活调节优势，有效支撑送端大规模新能源接入、受端潮流可靠疏散，全直流汇集送出输电技术总投资相比传统柔直可节省 15%以上，是实现大规模远海风电高效经济送出的优选方案。基于柔性直流的配电网交直流混联、柔性互联等技术加快应用，进一步提升配电网对分布式新能源等新型并网主体的承载能力。高比例新能源接入对放电时间超过 4h 的长时储能需求明显增加，需要统筹处理好各类型长时储能技术的安全性与经济性。

颠覆性技术方面，可控核聚变、超导传输等仍在积极探索。 颠覆性技术发展成熟需要较长时间，同时存在众多候选技术路线，不同技术路线将导向不同的电力系统形态，未来发展路径存在较大的不确定性。世界各国加快核聚变技术创新突破，中国核聚变关键技术已达到国际领先水平，2023 年国务院国资委启动实施未来产业启航行动，明确可控核聚变领域为未来能源的重要方向。中国高温超导电缆产业实现了关键材料和设备的国产化开发、产业链上下游协同发展，但仍面临需求牵引不足、配套技术发展滞后等挑战。

（3）治理机制支撑和保障水平持续提升，针对多主体、新业态协调发展需求，需持续完善多层级电力政策体系，推动源网荷储要素规划协同，不断健全安全保供、新能源消纳市场机制，加强极端情况下电力安全风险管控和应急联动。

电力政策体系方面，《能源法》《可再生能源法》等法律加快制定、修订，行业、地方层面近期努力方向逐步明确。《能源法》发布，指出进一步促进能源绿色低碳转型，增加规定风能、太阳能、氢能等可再生能源开发利用的内容。

《可再生能源法》修订聚焦新能源消纳责任、收购制度以及促进非电可再生能源发展。《加快构建新型电力系统行动方案（2024－2027）》进一步明确，行业层面围绕常规电源清洁利用、配电网高质量发展、充电基础设施体系建设、大规模设备更新改造等方面出台一系列政策。地方层面进一步完善多层级安全调节电力市场机制，从政策机制标准等方面推动分布式光伏有序友好发展。

协同规划机制方面，加强源网荷储各层级、多环节协同规划，保障电力系统全环节协同联动，促进多能源耦合互补。强化源网统一规划建设，从国家层面健全源网规划建设协调机制，科学确定新能源发展规模、布局、时序。完善源网建设协调或联席机制，推动各类电源及配套电网工程及时投产发挥作用，实现"三同步"目标。优先发展自治型分布式新能源系统，与广域大系统深度共融发展。聚焦清洁能源供应和消纳、电气化水平与综合能效提升、多元聚合互动等需求，促进以电为中心的多能互补互济。

市场价格机制方面，持续完善安全保供、新能源消纳市场机制，充分调动各参与主体积极性。在煤电容量电价机制基础上，逐步形成更加市场化的容量电价形成方式，夯实常规电源兜底、灵活资源支撑保障基础。健全送受端电网协同保供机制，通过"联营不联运"，保留对联营体内部主体的最终调管权，紧急情况下确保电力调度机构管控至火电机组、新能源场站。深化完善分时电价、阶梯电价等政策，推动负荷管理工作逐步向市场引导、用户主动响应转变。新能源向市场化消纳过渡的政策实施路径仍需进一步明确，树立"合理利用率"的理念因地制宜推动新能源高效消纳，区分存量、增量，差异化构建参加中长期市场、现货市场等在内的电力市场体系。完善分布式光伏参与市场交易的顶层设计，引导各主体合理公平承担系统成本。

安全保障机制方面，明晰新型主体安全责任界面，加强全过程电力安全风险管控，提高级联自然灾害、互联基础设施应急协同保障能力。建立以强制性标准为主体、推荐性标准为补充的电力安全标准体系，以政策标准、调度协议、技术监督等多种方式明确新型主体安全责任及边界，进一步强化新型主体并网运行安全管理。从风险前置治理、优化管理机制等方面,完善全过程电力安全风险管控机制,推动电力安全治理体系与能力的现代化。综合考虑复杂灾害和基础设施跨系统风险,建立健全基础设施协同发展的立体应急协同机制,完善社会资源参与的基层电力安全治理激励机制,以更加经济高效方式提高应急保供能力。

(4)各个国家和地区立足自身经济社会发展环境与资源禀赋,统筹安全、经济、绿色等多重目标因地制宜推动能源电力转型,通过国内外多维度评估分析,充分借鉴国际电力转型经验启示,促进新型电力系统高质量构建。

国际电力系统发展概况方面,2023年底全球电源总装机容量达91.3亿kW,可再生能源开发规模呈快速扩张态势,风电、光伏正成为推动世界能源加速升级的主导力量,清洁能源装机占比和新能源装机占比持续增长,2023年分别达到了70.15%和27.74%。全球电网线路长度和变电容量稳定增长,截至2023年底,线路长度累计达到576万km,变电容量达218.4亿kV·A。全球电力投资持续增长,2023年超过7500亿美元。

典型国家和地区发展评估方面:

清洁低碳维度。源端清洁化,中国新能源装机、电量规模第一,但占比处于中等水平。德国、丹麦新能源装机容量占比均超过50%,德国、澳大利亚等分布式光伏占光伏装机比重超过60%,丹麦、德国、英国、巴西、澳大利亚新能源发电量占比均超过20%。**终端电气化**,中国2023年终端电气化水平超过28%,高于欧美等大多数国家。**系统碳排放**,中国度电排放水平、单位GDP能耗强度较高,分别达到540g/(kW·h)、4667tce/亿元,而欧洲、美国等处于400g/(kW·h)、3000tce/亿元以下水平。

安全充裕维度。供应充裕性,近年来中国电力有效供应裕度相比德国、欧洲等国家及地区相对较低,2023年中国仅为1.09,而欧洲、德国、丹麦分别达到1.29、1.28、1.54;澳大利亚、美国电力有效供应裕度水平相对较低,均低于1.0,这也印证了两国在近年来多次发生电力供应紧张情况的事实。**调节充裕性,**

中国灵活调节电源占比仅为 7.1%，而德国、澳大利亚、日本、英国、美国等均超过 18%。各国家系统等效惯量伴随新能源装机占比的提高呈现快速下降趋势，2023 年中国下降至 4.47s，相比 2012 年下降 30%，若考虑常规机组开机 70%，则处于 3s 的临界裕度，高比例新能源接入的丹麦、英国、德国、欧洲系统等效惯量下降幅度超过 26%。**系统可靠性**，中国户均停电时间 7.83h，欧洲、德国、英国、日本等均低于 0.6h。中国运行年限超过 20 年的电力设备占比 32%，欧美日等国家超过 50%。

经济高效维度。**系统成本**，中国单位 GDP 电力成本 495.2kW·h/万元，而欧美国家低于 300kW·h/万元。**电价水平**，中国输配电价、工业电价、居民电价分别为 0.2086、0.6663、0.5519 美元/（kW·h），相对低于欧美日等国。**技术成本**，风光度电成本快速下降，中国风电、光伏度电成本分别为 0.1575、0.2504 元/（kW·h）。中国线损率为 4.54%，处于所选国家及地区最优水平。**新能源利用水平**，随着新能源渗透率的提高，多数国家及地区弃电率呈上升趋势，中国维持在较低水平；2023 年，中国风电渗透率、弃风率分别为 15.9%、2.3%；德国、英国风电渗透率超过 25%，弃风率保持在 5% 以内，丹麦弃风率在高风电渗透率下增大，47% 的渗透率出现 8.2% 的弃风率。中国光伏渗透率、弃光率分别为 6.3%、2%，德国在 9% 的光伏渗透率情况下保持弃光率在 1% 以内；美国加州随着光伏渗透率的增加，弃光率也随之增加，2023 年光伏渗透率、弃风率分别达到 19%、6.1%，从原因看，加州弃光 70% 以上是由局部电网阻塞导致。

供需协同维度。**网源协调性**，中国新能源快速发展，使电源、电网的发展规模与投资差距拉大，2023 年电网、电源容量比值低于 2，欧美等高于 2，电源、电网投资分别达到 9675 亿、5275 亿元。**网荷协调性**，中国网荷发展协调性较好，美国、日本等电网发展滞后于负荷增长。**需求响应**，中国需求响应规模大幅增长，美国维持高位，2023 年美国需求响应规模达到 837.8 万 kW；中国 V2G 充电桩数量超过 1000 个，高于美国、德国等。

灵活智能维度。**电网互联互通**，截至 2023 年底，中国跨省跨区输电容量超过 2 亿 kW，占最大负荷的 29%，其中跨区输电能力 1.88 亿 kW，远高于欧洲、美国；跨省跨区输电量达到 2.7 万亿 kW·h，占全社会用电量的 29.3%，欧洲跨境输电量为 0.42 万亿 kW·h，占比为 15.4%；中国直流输电容量超过 2.3 亿 kW，占世界的 52%。**电力数字化智能化**，中国、美国、欧洲等国家及地区电力数字化智能化处于较高水平，印度、巴西等国家电力数字化智能化水平较低。

典型国家和地区发展转型探索方面，美国加快规划投资机制优化、技术创新部署等，持续推进电网现代化。改革电网规划投资机制，加强电网长期规划对经济性、可靠性以及极端天气的考虑，为电网升级中的技术问题提供了一系列标准化的指导；美国能源部授权发布《商业腾飞之路：创新型电网部署》，将已有的直流输电、无功控制、状态估计等成熟技术，与新型功率器件、柔性交流输电技术、实时动态计算方法进行复合创新，实现短期内快速增容、提升调控能力等应用目标，进而发挥出部分替代传统电网增容的作用；2024 年 3 月，美国加州正式允许分布式电源以柔性方式接入电网，前提条件是遵守给定的发电容量限制曲线，超过该曲线的部分电源出力可通过柔性技术进行控制。

日本利用价格信号引导、数据深入挖掘、防灾救灾强化、设备管理精准等措施，应对资源匮乏、条件受限及新能源挑战。通过电力市场价格信号引导供需行为变化，提升电网运行灵活性；应用数据分析技术对气象条件变化、设备投运历史等数据进行综合分析，预判并解决设备问题；实施全面防灾救灾措施，提高抗灾能力和确保灾后迅速恢复电力；通过精准管理优化设备更换方式，确保每起设备更换都是有价值的投资。

欧洲充分利用可调节资源、优化电力平衡调度机制，保障新能源安全高效发展。大力推动用户侧储能发展，促进户用光伏的就近就地消纳，降低新能源消纳压力。欧盟委员会提出电网建设行动计划，主要通过加快建设和更新输电及配电网络，确保欧盟电力网络更高效运行，同时电网改造需适应不断增长的可再生能源发电份额，比如到 2030 年欧洲电网跨境传输能力将增加一倍，以满足可再生能源装机占比达到 42.5%，以及用电增加 60% 的需求。

澳大利亚进一步完善分布式光伏、储能发展激励机制，推动电力系统适应高比例新能源接入。针对高比例新能源接入带来的安全消纳挑战，建立了屋顶光伏紧急关闭机制，在光伏发电的高峰期间，配电商可以削减屋顶光伏发电，或远程切断其与电网的连接，保证电网安全运行。南澳政府为家庭提供储能补贴，促进分布式光伏消纳。完善电力市场暂停期间的成本补偿机制，在市场暂停期间，对于接受调度指令的电源、辅助服务提供商和需求侧响应主体，能够基于基准价格获取补偿收入。

（5）智能微电网建设、车网互动发展。气候风险防范都是新型电力系统建设的热点重点问题，需要制定针对性措施，引导科学发展、防范安全风险。

针对智能微电网建设，因地制宜积极构建"两自四化"智能微电网，增强电网新要素承载能力。面对分布式新能源、新型储能、柔性负荷等新要素快速发展趋势，市场机制和价格政策不断完善，智能微电网需具备"自平衡、自安全、小微化、绿色化、数智化、共享化"的"两自四化"特征。针对居民、工商业、园区、离岛和偏远地区等典型场景，微电网发展围绕消纳分布式新能源、提升电力普遍服务水平、满足用户供电可靠性要求等个性化需求为主。

针对车网互动发展，加快完善市场激励机制和平台示范应用，充分发挥新能源汽车对电网调节支撑价值。探索车网互动放电价格机制、容量电价机制及其参与现货市场和辅助服务市场路径，激励车网充分协同，使用户充电需求和电力供需优化需求得到兼顾。加快建立支撑规模化车网互动的数据和平台体系，尽快出台政策明确国家级、省级平台及运营商等各级充换电基础设施运营监管平台互联互通、数据共享和治理监管架构。根据不同区域不同场景特点，因地制宜，推动充换电基础设施关键技术、重大工程、政策机制、发展模式等重大示范，推动交能融合发展。

针对气候风险防范，构建电力防灾抗灾主动安全防御策略，夯实电力系统本质安全基础。提升极端情况下电力系统容灾备份能力，按照灾害严重程度分级分区落实电力基础设施规划标准，统筹推进"平急两用"电力基础设施建设，促进平急快速切换。因地制宜利用分布式能源、微电网等新型应急保障单元。提高电力气象灾害精准化、精细化监测预警能力，实现气象灾害多层次监测和预警快速权威发布。强化电力防灾抗灾技术创新支撑能力，实现电力运行、设备状态、物资调配、GIS 等信息的互联互通和资源共享。

（撰写人：王旭斌　审核人：韩新阳、靳晓凌、张钧）

1

新型电力系统概况

1.1 发展形势

随着新型能源体系、新型电力系统的加快建设，能源电力绿色低碳转型基础不断夯实，但发展仍面临需求压力巨大、供给制约较多、转型任务艰巨等一系列挑战，需要持续深化实施能源安全新战略，坚持问题导向和系统观念，进一步统筹好能源转型与安全发展，塑造更多电力新质生产力，形成适应的新型生产关系，加快构建清洁低碳、安全充裕、经济高效、供需协同、灵活智能的新型电力系统。

能源电力绿色低碳转型要求大力推动新能源高质量发展，体现新型电力系统以新能源为主体的本质特征。 大力发展新能源是保障能源安全、破解发展制约的必由之路，是落实能源安全新战略的重要实践。当前，能源电力结构加速转型，新型用电模式不断涌现，电力消费需求快速增长，对电力高质量发展提出更高要求。要统筹好新能源发展和国家能源安全，坚持规划先行、加强顶层设计、做好统筹兼顾，注意处理好新能源与传统能源、全局与局部、政府与市场、能源开发和节约利用等关系，推动新能源高质量发展。需要进一步建设好新能源基础设施网络，推进电网基础设施智能化改造和智能微电网建设，提高电网对清洁能源的接纳、配置和调控能力。加快构建充电基础设施网络体系，支撑新能源汽车快速发展。

新型电力系统风险综合体特征更加显著，需要推动电力高质量发展和高水平安全的良性互动。 新型电力系统作为一个开放复杂巨系统，内外部风险耦合交织，风险综合体特征更加显著，具有高度的复杂性、联动性和不确定性。新能源成为新增电力装机主体，但由于出力随机性大、间歇性强、反调峰特性显著，还未形成电力供应的可靠替代，新能源占比快速增长带来电力电量平衡特别是高峰低谷时段难度持续增加。电网交直流送受端强耦合、电压层级复杂，不同层级、送受端之间协调难度大，有源配电网安全运行形势严峻。近年来，气象异常变化加剧，自然灾害发生频度、影响范围、破坏强度显著提升，对电力可靠供应和基础设施安全运行造成影响。需要以总体国家安全观为引领，统筹发展与安全，坚持底线思维、极限思维，推动新型电力系统安全治理体系与能力现代化，形成电力新安全格局，实现电力高质量发展和高水平安全的良性互动，把发展建立在更加安全、更为可靠的基础之上。

高质量建设新型电力系统要求加快科技创新力度，不断塑造电力新质生产力优势。新质生产力是创新起主导作用，摆脱传统经济增长方式、生产力发展路径，具有高科技、高效能、高质量特征，符合新发展理念的先进生产力质态。科技创新是发展新质生产力的核心要素，是推动高质量发展的必由之路。科技创新特别是原创性、颠覆性科技创新，能够催生新产业、新模式、新动能，加快实现高水平科技自立自强，培育发展新质生产力的新动能。随着新能源和电力电子设备大规模接入，电力系统功能形态和运行机理将发生深刻变化，部分技术创新将进入"无人区"。需要加强电力系统关键核心技术攻关，超前布局、重点开展一批具有前瞻性、基础性、颠覆性的重大研究项目，攻关新型电力系统统筹规划、友好并网、电力平衡、稳定机理、故障防御、调度控制、市场机制、现代治理等方面关键核心技术。坚持发挥好电网的桥梁和纽带作用，布局培育集成电路、人工智能、工业软件、新能源、新型储能、电动汽车服务、节能环保等领域相关业务发展，积极参与算力网络、量子信息等前瞻性未来产业。

高质量建设新型电力系统也需要进一步深入电力体制机制创新，形成适应新型电力系统治理的新型生产关系。治理创新是适应新质生产力的新型生产关系，能够打通堵点卡点，创新生产要素配置方式，让各类先进优质生产要素向发展新质生产力顺畅流动。统筹好新型电力系统安全、绿色、经济、共享四方关系，积极有序推进"源网荷储碳数智治链"等要求融合协同发展，以深化体制改革、破除体制藩篱调整生产关系。目前新能源本体发电已经或将实现上网侧平价，但随着新能源比重上升，新能源消纳带来的系统成本将大幅升高，成为影响电力供应成本的重要因素。我国新能源发展已经从政策驱动、补贴支撑进入市场驱动、平价低价的发展新阶段，需要处理好政府与市场两者关系，推动有效市场和有为政府更好结合，既要推进统筹战略规划，实施科学的行业监管、安全监管和市场监管，健全科学合理的市场机制、电价机制和法治体系，也要深化市场化改革，充分发挥市场在资源配置中的决定性作用。

1.2 发 展 趋 势

根据《关于加强合作应对气候危机的阳光之乡声明》（简称中美阳光之乡声明）、"十四五"电力相关规划调整以及"十五五"电力规划相关前期研究等，考虑源网荷储各环节规模、结构、布局，展望2030、2035年新型电力系统发展路径。

1.2.1 电源形态

能源供给侧更加多元化、清洁化、低碳化，中美阳光之乡声明提出，努力争取2030年全球可再生能源装机容量增至2020年的3倍，可再生能源发展将进一步提速。新能源开发集中式与分布式并举，逐步成为发电装机容量主体、发电量增量主体，重点流域水电稳步开发，沿海核电安全有序建设，煤电逐步向基础保障性和系统调节性电源并重转型。

预计2030年，我国电源装机总规模将达到50亿kW以上[1-2]，其中，火电装机容量在15亿kW以上，新能源装机容量在28亿kW以上，成为电力系统装机主体；从地区开发情况看，西部沙戈荒基地风光规模超过4亿kW，东部海上风电规模达1.5亿kW左右，分布式光伏超过10亿kW。2035年，电源装机规模超过60亿kW，新能源装机规模占比超过60%。

1.2.2 电网形态

新型电网加快建设，跨省区输电规模持续扩大，区域主网架进一步加强，配电网承载能力和防灾抗灾能力不断提高，分布式、微电网快速发展，"大云物移智链"等数字化技术与能源电力技术充分融合，电网智能化水平显著提升。

预计 2030 年，跨省跨区输电发展进一步加快，特高压直流输电规模超过 3 亿 kW，柔性直流组网、混合级联直流、特高压柔性直流等新型输电技术加快应用，跨区跨省平衡互济作用进一步加强，持续提升电网新能源承载及输送能力、区域双向互济能力，更加统筹平衡好互联通道的"直接送电"和"互济调节"作用。2035 年，跨省跨区电力流达到 5.6 亿～6 亿 kW，西北、华北、东北、西南四个区域外送规模将达 3.78 亿 kW 左右。

1.2.3 负荷形态

能源消费侧更趋高效化、减量化、电气化，负荷特性由传统的刚性、纯消费型，向柔性、生产与消费兼具型转变。能源消费总量持续增长，新增能源需求主要依靠非化石能源满足，能源碳排放逐步达峰，并进入中和阶段。

在"双碳"目标、人工智能等因素推动下，我国新质生产力加快形成，"新三样"（新能源汽车、锂电池、光伏产品）、数据中心、绿电制氢等高耗电战略新兴和未来产业加速发展，终端电气化水平持续提升，同时气候气温对电力需求增长产生持续影响，未来电力需求继续保持较快增长。

预计 2030 年，非化石能源消费占比达到 25%左右，电气化水平达到 35%左右。预计 2030、2035 年，全社会用电量分别超过 13 万亿、16 万亿 kW·h，其中，第二产业、第三产业贡献最大，新兴负荷成为新的驱动力，数据中心、基站、电制氢用电量不断攀升。算力产业 2030、2035 年用电量预计达到当前的 3 倍、5 倍左右，占全社会用电量比重分别为 8%、12%左右。

1.2.4 储能形态

储能呈现多元化发展态势，抽水蓄能作为调节电源主体加快发展，新型储能规模持续增长，以日内调节为主的多种新型储能技术路线并存，实现合理布局、高效利用、规范管理，逐步向高安全、低成本、大容量、长周期技术方向推进。

预计 2030 年，抽水蓄能装机容量达到 1.9 亿 kW，新型储能超过 1.5 亿 kW。抽水蓄能在跨日调节和调相运行等方面发挥更大作用，新型储能仍以短时日调节储能为主，在电力缺口较大时存在保供饱和效应。2035 年，抽水蓄能、新型储能装机容量可能分别超过 3.5 亿、2.5 亿 kW，长时储能逐步增移。

（本章撰写人：王旭斌、元博、夏鹏　审核人：韩新阳）

2

新型电力系统
形态演进

构建新型电力系统需要统筹好各组成要素，以源网荷储物理内核为基础，强化数智赋能赋效，不断夯实建设基础。

2.1 物理形态演进

2.1.1 多元化供应体系构建

煤电装机占比降至 40%以下，但电量占比仍接近六成，充分发挥兜底保供作用。截至 2024 年 6 月，我国火电装机容量 14.0 亿 kW[3-6]，其中，煤电 11.7 亿 kW，占总发电装机容量的比重降至 38.1%，同比降低 4.3 个百分点。2023 年煤电发电量占总发电量比重接近 60%，发电出力支撑了超 70%的电网顶峰，仍是当前电力供应的主力电源。2012－2024 上半年我国煤电与非石化能源发电装机占比见图 2-1。

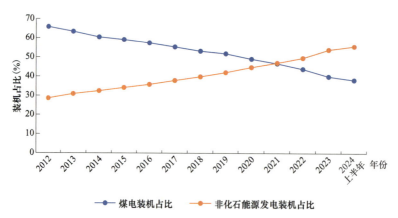

图 2-1　2012－2024 上半年煤电与非石化能源发电装机占比

非化石能源发电装机容量占比突破 50%，并网风电和太阳能发电总装机规模达到 11.8 亿 kW，首次超过煤电装机规模，非化石能源发电量快速增长。截至 2024 年 6 月，非化石能源发电装机容量 17.1 亿 kW，占总装机容量比重突破 50%，达到 55.7%。并网风电、光伏装机容量分别达到 4.7 亿、7.1 亿 kW，合计

11.8 亿 kW，已超过煤电装机容量的 11.7 亿 kW，占总装机容量比重为 38.4%。2012—2024 上半年电源装机结构见图 2-2。甘肃、青海、宁夏、河北等省（自治区）新能源装机占比已超过 50%，成为装机容量主体。2024 年上半年全口径非化石能源发电量同比增加 2935 亿 kW·h，占同期全社会用电量增量的 84.2%。

图 2-2　2012—2024 上半年电源装机结构

煤电灵活改造加快推进，抽水蓄能调节作用凸显。截至 2023 年底，我国煤电灵活性改造规模达到 3.2 亿 kW[7]，已提前并超额完成"十四五"期间 2 亿 kW 灵活性改造的目标。抽水蓄能装机保持稳步增长，截至 2024 年 6 月，规模达到 5439 万 kW，根据《关于加强电网调峰储能和智能化调度能力建设的指导意见》，2027 年抽水蓄能电站新增规模达到 8000 万 kW 以上。

（本节撰写人：张幸、柴玉凤　审核人：王旭斌）

2.1.2　多形态电网协同发展

新型电网代表电网高质量发展的重要方向，是现代化基础设施体系的重要组成，以交直流混联特高压和超高压为骨干网架，以新型配电系统广泛覆盖，电动汽车、新型储能、智能微电网、虚拟电厂等新型用能形式友好接入的坚强电网为基础，以新一代先进数字信息技术与电力技术充分融合，通过数字化、智能化赋能赋效，具备坚强防灾抗灾能力、灵活智能运行维护能力、清洁绿色基建能力、安全可靠服务能力、方便快捷共享能力，是实现发输变配用

（源网荷储）各环节智能协同互动、多种能源资源灵活互补、多流合一的现代化电网。

（一）跨省跨区主网建设

以安全稳定的特高压输变电为载体、以坚强可靠的主网为枢纽的新能源供给消纳体系稳步建设。截至2024年6月底，全国已建成投运"19交20直"特高压交直流输电工程，"西电东送"输电能力超过3亿kW、累计送电超过3万亿kW·h[6-7]，有效支撑了中东部地区约1/5的用电需求。

（1）有序推进大型风电光伏基地和电力外送通道规划建设，送受端电网支撑能力稳步提升。

一是沙戈荒基地外送通道建设加快，助力西部地区风光等新能源高质量发展。截至2023年底，"三交"工程中，川渝特高压、张北－胜利1000kV特高压交流工程进入加快建设阶段，大同－怀来－天津北－天津南特高压交流工程可研工作启动。"九直"工程中，金上－湖北、陇东－山东、宁夏－湖南直流工程加快建设，甘肃－浙江直流开展前期工作，山西－河南直流可研工作启动。

二是华北、华中、华东地区特高压交直流电网结构持续完善，跨省跨区通道布局和资源互济能力加强。2023年以来，华北加快构建"三横三纵"特高压交流格局，华东特高压"一环网一通道"基本形成，华中区域"日"字形特高压环网加速建设。驻马店－武汉1000kV特高压交流工程顺利竣工投产。跨省跨区通道建设布局持续加强，"西电东送"能源资源配置能力进一步提高。

（2）各区域电网稳步提升坚强性、互济性，服务新能源高质量发展，助力区域协调发展。

一是华北电网继续加强和完善特高压骨干网架，保障京津冀鲁负荷增长及沙戈荒基地外送。2023年以来，华北电网持续强化"两横三纵一环网"特高压交流格局建设，优化京津冀鲁建成特高压交流环网。新能源集中在张北、唐承秦、锡盟地区，核电集中在山东，特高压配套电源集中在山西、鄂尔多斯、榆横地区，形成以山西、蒙西（含陕西）为送端，京津冀鲁为受端的"西电东送、北电南送"电力流向格局。

二是华东电网进一步提升直流多落点地区电压支撑能力和故障后电力支援能力。2023 年以来，华东电网在"一环网、一通道"特高压交流网架基础上，进一步提升多直流安全馈入支撑能力，预计"十五五"期间建成浙江特高压环网。华东电网将进一步发展和扩展特高压交流主网架，加强华东外围特高压布局，局部加强省间、过江联络，提升直流多落点地区电压支撑能力和故障后电力支援能力。

三是华中电网持续提升直流馈入承载能力和资源配置平台作用。作为西电东送、南北互济的关键枢纽，华中电网加快推进"日"字形特高压环网建设，提升跨区受电以及省间资源优化配置能力。武汉－南昌双回 1000kV 线路工程（湖北段、江西段）全线贯通，将大幅提高华中电网省间电力互济能力，支撑西南水电和西北风光在华中地区统一消纳和优化配置。

四是东北电网持续加强 500kV 主网架结构，提升省间互济能力。2023 年以来，东北电网维持"北电南送、西电东送和向扎鲁特汇集电力"的格局，进一步加强 500kV 主网架结构，增强省内、省间互济能力，解决扎鲁特－青州直流无电可送问题。东北电网"十四五"期间投资金额最大单体项目－巴林－奈曼（金沙）－阜新 500kV 输变电工程正式竣工投产，内蒙古东部呼伦贝尔、兴安、通辽、赤峰四盟市 500kV 主网架实现互联互通，形成超高压一体化电网。东北电网进一步强化西部、北部电源基地向辽宁送电、盈余电力外送华北的电力流格局。

五是西北电网进一步扩展加强 750kV 网架，持续提升重要断面电力交换和新能源汇集送出能力。西北电网 750kV 电网向南疆、北疆进一步延伸，加强直流群故障的相互支援能力。为满足陕北、河西、海西、南疆等地大规模新能源开发外送需求，将进一步扩展加强 750kV 交流主网架，提升重要断面电力交换能力，保障负荷中心电力可靠供应以及新能源富集区上送需求。

**六是西南电网"之"字形特高压网架加快构建，送受并重提升电网资源配置能力。西南区域95%以上负荷及电源集中在川渝地区，加快形成"之"字形特高压网架覆盖。2024年，川渝1000kV特高压交流工程重庆段线路工程已全线贯通；阿坝-成都东1000kV特高压交流输变电工程开工，保障川西地区未来2000万kW新能源送出需求。西南电网的主网架电压等级将从500kV提升到1000kV，坚实保障多直流安全稳定运行，稳步提高省间互济能力，积极提升清洁能源消纳水平。

（二）配电网形态发展

近两年，政府部门发布了多项政策方针，为配电网形态发展指明了方向。中央办公厅在《关于深化电力体制改革加快构建新型电力系统的意见》中要求完善配电网、微电网建设运营机制，其中包括加大配电网建设改造力度，研究智能配电网技术，提升配电网接入高比例分布式电源的能力。明确微电网的责任与义务，鼓励微电网依托数字技术开展平台化管理，健全与主干电网协调运行模式。国家能源局在《关于新形势下配电网高质量发展的指导意见》中明确了未来配电网发展方向。

围绕建设新型能源体系和新型电力系统的总目标，要积极打造安全高效、清洁低碳、柔性灵活、智慧融合的新型配电系统。在增强保供能力的基础上，配电网在形态上从传统的"无源"单向辐射网络向"有源"双向交互系统转变，在功能上从单一供配电服务主体向源网荷储资源高效配置平台转变。

（1）规模现状。

供电能力方面，以供电可靠性为目标，统筹考虑各地区负荷密度、用户性质、发展定位、发展阶段等内外部因素，差异化构建目标网架，适度超前建设配电网。

供电服务方面，供电服务水平稳步提升，人民用电体验显著改善。2023年以来，聚焦可靠供电、快速抢修等内容，面向社会公开发布供电服务"十项承诺"。35个城市核心区实现配网计划检修"零感知"，配网不停电作业水平大幅提升。上海、天津等6个城市中心城区用户平均停电时间达到10min以内，进入国际领先行列。北京、杭州等 5 个重点城市坚强局部电网初步建成，极端状态下重要用户电力供应保障能力稳步提升。农村户均停电时间从"十三五"初的 19h 缩短到 8h，户均配变容量由 1.7kV·A 提升至 3.1kV·A，有力保障了农村地区生产生活用电需求。

安全发展方面，配电网供电保障基础不断夯实，2023 年城、农网供电可靠率分别为 99.977%、99.905%，较 2020 年分别提升 0.007、0.062 个百分点；城、农网综合电压合格率分别为 99.995%、99.813%，农网综合电压合格率较 2020 年提升 0.01 个百分点；县域户均配变容量由 2020 年的 2.76kV·A 提升至 3.3kV·A，增幅 20%；110（66）kV 电网形成以单链、双辐射、多链结构为主的网架结构，35kV 电网形成以单链和双辐射结构为主的网架结构，配电网网架结构不断完善，负荷转供能力显著增强。

绿色发展方面，落实电网公平开放监管要求，引导各类新要素规范发展，确保应并尽并，2023 年全国配电网新增接入分布式光伏超 8000 万 kW、充电桩超 300 万台、新型储能超 2000 万 kW，电网承载能力持续加强；截至 2023 年底，国家电网经营区配电网接入分布式光伏装机容量 2.3 亿 kW、充电桩 600 万台、新型储能 2000 万 kW，有力支撑能源结构转型。

（2）演进方向。

我国各地经济社会发展和电网特点差异明显，考虑城市与农村的分布式资源分布情况，结合分布式新能源和柔性负荷的发展趋势及对配电网形态影响，主要从城市、农村场景分析配电网发展演进。

1）城市配电网演进。

以大电网为主导，以柔性互动为关键，市场激励机制下用户用能形式多元化，虚拟电厂、共享储能等新模式，大云物移智链等新技术广泛应用，需求侧资源调节能力大幅提升，有效降低系统建设冗余度，大幅提升配电网的运营潜力。

在网架架构方面，一般采用链式和环网结构满足未来主要城市多元负荷的即插即用、灵活互动及高可靠性供电的需求。考虑电动汽车、数据中心、智能家电等直流负荷快速增长趋势，结合技术经济性，城市供电区域构建交直流混合配用电网络或者直流配用电网络。针对部分区域负荷的高供电可靠性要求，研究双花瓣、雪花型、蜂巢型等新型网架结构的适应性。

在技术管控方面， 实现"大云物移智链边"数字化技术的创新应用，形成对海量柔性负荷和新型储能装置的可观、可测、可调和可控。对温控、储能等各类型负荷的可调节容量进行实时监测，通过柔性负荷互动调控，引导可调节负荷、新型储能等多元主体参与电网调度运行，快速高效响应调节需求，适应高峰时段电力平衡、低谷时段系统调峰等场景需求。建立交直流混合配电网分层控制架构，突破网架灵活切换和潮流灵活经济调控的关键技术，以实现柔性互联和灵活功率调控、平抑源荷波动、台区间互联互济。

在商业运营方面， 以市场手段灵活运用价格等激励机制，激发需求侧响应潜力，利用储能等技术进行削峰填谷，以多元化手段避免电网冗余建设。加大节约用电宣传与引导力度，通过市场化方式引导用户主动参与，充分挖掘需求侧主动错避峰潜力。通过虚拟电厂、负荷聚合等模式，适应分布式电源、工业可调控负荷、电动汽车等柔性、生产与消费兼具型转变，成为城市电力系统平衡调节重要的参与力量。

2）农村配电网演进。

以资源合理利用、经济高效配置、电力安全供应为目标，电源以本地分布式新能源为主，配备相应储能装置，就地就近分层接入电网，将源网荷储聚合管控，具备一定的区域自平衡和自调节能力，与大电网互联互济，形成新型电力系统的重要组成部分。

在网架架构方面， 采用系统思维和系统规划方法，将分布式新能源、配电网、负荷、储能配置等进行统一规划，建立源网荷储多元整体规划架构。面对高比例新能源并网需求，打造"就地就近分层接入，同层分区柔性互联"的网络架构，有效提升区域新能源消纳能力，保障安全供电水平。

在技术管控方面， 升级用电信息采集系统、创新数据中台秒级数据同步机制，促进分布式光伏实时采集监测。通过电压全面有效监测，形成新型供电电压管理体系，高效管控补偿装置和储能设备，解决乡村分布式电源高渗透率地区电压"日高夜低"问题。通过各类型的配用电智能终端，实现分布式光伏出力的柔性控制，聚合规模小、分布散的分布式电源、新型储能、电动汽车等多类型分布式资源构建虚拟电厂，参与电网运行和交易，向大电网提供灵活性支撑服务，减轻大电网的调节负担，有效控制分布式电源大规模接入带来的安全风险并参与大电网的安全稳定控制。

在商业运营方面，坚持有效市场和有为政府结合，制定面向多类型分布式资源聚合的市场交易模式、互动交易和电价机制，通过市场化手段整合协调大量分散的分布式电源及具备需求侧响应能力的用户。优化高比例分布式光伏接入系统成本，明确分布式电源主体应承担的责任，形成相关成本向对应分布式电源交易主体定向疏导的成本疏导机制，实现不同类型分布式能源科学、合理参与市场，并合理承担市场费用。

（本节撰写人：谢光龙　审核人：韩新阳、靳晓凌）

2.1.3　多样化负荷柔性互动

负荷特性由传统的刚性、纯消费型，向柔性、产消一体型转变的趋势继续延续，第一、二、三产业用电量较快增长，城乡居民生活用电量低速增长，电能占终端能源消费比重提升，受寒潮影响，最大负荷出现在度冬期间，随着算力产业发展，大模型训练用电量不断增加。

全国全社会用电量总体保持较快增长，尤其第二、第三产业用电量增速明显，成为拉动全社会用电量增长的主要动力。2023年，第一、二、三产业用电量分别为 0.13 万亿、6.07 万亿、1.67 万亿 kW·h[4-5]，其中，第二、第三产业用电量增速明显，分别达到 6.5%、12.2%，较上年分别上升 5.3、7.8 个百分点，是全社会用电量增速回升的主要动力。城乡居民生活用电量为 1.35 万亿 kW·h，同比增长 0.9%，上年极端天气导致的高基数是电量低速增长的重要原因。2023

年，全国 31 个省份用电量均为正增长，西部地区用电量增速领先，东、中、西部和东北地区全社会用电量同比分别增长 6.9%、4.3%、8.1% 和 5.1%[7]。2018－2023 年全国 31 个省（自治区、直辖市）分产业用电量见图 2-3。

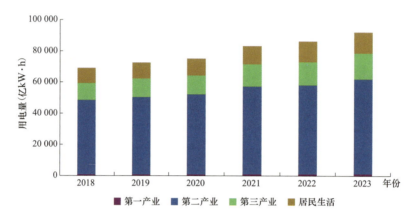

图 2-3 2018－2023 年全国 31 个省（自治区、直辖市）分产业用电量

夏冬季负荷"双峰"特性明显，全国调度最大负荷出现在冬季。受到夏季台风、强对流天气等因素影响，以及冬季多次冷空气过程的影响，二、四季度的用电均有所增加。2023 年，受上年夏季大范围极端高温天气导致的高基数影响，度夏期间全国调度最大负荷同比增速仅为 3.8%，而度冬期间受多轮寒潮天气影响，全国调度最大负荷同比增速达到 16.1%，出现 13.5 亿 kW 的全年调度最大负荷。

电能占终端能源消费比重继续提升，绿色低碳转型成效显著。2023 年，工业、交通、建筑等重点行业电能替代持续推进，其中，工业部门电气化率达到 27.6%，战略性新兴产业用电高速增长；建筑部门电气化率达到 48.1%，热泵、电制冷、电供暖的应用场景不断深化；交通部门电气化率达到 4.3%，新能源汽车渗透率超过 35%。2023 年不同行业电气化率见图 2-4。

5G 基站和数据中心等新型基础设施用电量快速增长。截至 2023 年底，我国 5G 基站总数已达 337.7 万个，预计 2024 年底 5G 基站总数将超过 400 万个，带来的新增电量规模为 200 亿～250 亿 kW·h。算力基础设施快速发展，数据中心用电量近年来激增，从 2018 年的 1608 亿 kW·h 增加至 2023 年的 3421 亿 kW·h[8]，增长 112.7%。

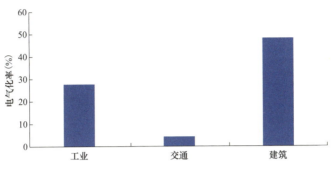

图 2-4　2023 年不同行业电气化率

（本节撰写人：张幸　审核人：王旭斌）

2.1.4　多类型储能优化布局

发挥储能调节支撑作用，可以有效平抑新能源波动，保障电力可靠供应。在当前技术路线下，容量大、可靠性高的抽水蓄能是主要的储能资源。为应对更分散、规模更小的分布式电源的日内调节需求，以及跨季节、长周期的储能需求，电化学储能、氢储能等新型储能加快研究与布局。

受新能源消纳需求刺激和政策扶持，储能增长迅猛，其中抽水蓄能占比最高，新型储能成为增长主力。据中关村储能产业技术联盟数据显示，截至 2023 年底，我国储能累计装机规模 8650 万 kW，其中抽水蓄能装机占比 59.4%，比重较 2022 年下降 17.7 个百分点，新型储能装机占比 39.9%，规模 3450 万 kW/7450 万 kW·h，同比增长超过 150%，平均储能时长 2.2h。2023 年新增新型储能规模达到 2150 万 kW/4660 万 kW·h，3 倍于 2022 年新增规模。新型储能中，电化学储能尤其是锂离子电池储能占据了绝对主力，锂离子电池、铅蓄电池、钠硫电池、液流电池分别占 94.0%、1.4%、1.1%、0.1%。2018－2023 年我国储能装机规模及增速见图 2-5，2023 年我国储能装机结构见图 2-6。

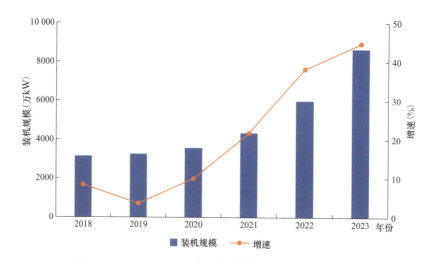

图 2-5　2018－2023 年我国储能装机规模及增速

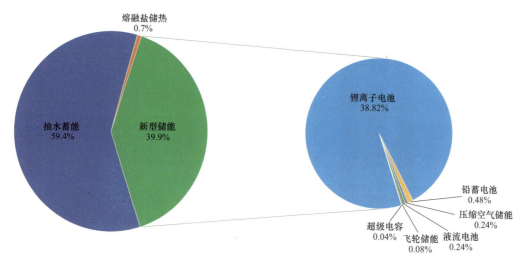

图 2-6　2023 年我国储能装机结构

新型储能分布广泛，在电源侧、电网侧、用户侧均有应用，目前电网侧发
展最快。据中关村储能产业技术联盟统计，2024 年二季度我国新投运新型储能
共计 801 万 kW/1987 万 kW·h，其中电网侧装机规模最大，达 636 万 kW/1533
万 kW·h，功率规模和容量规模分别占比 79% 和 77%，目前在运项目以独立储
能为主，主要分布在宁夏、湖南、山东、湖北等省（自治区）；电源侧新投运 120
万 kW/327 万 kW·h，目前在运项目以新能源配储为主，主要分布在内蒙古、甘

肃、新疆、山东等省（自治区）；用户侧新投运 49 万 kW/127 万 kW·h，目前在运项目以工商业配储为主，主要分布在浙江、江苏、广东等省份。

电化学储能作为新型储能的绝对主力，呈现出单体规模增大、火电配储利用情况最好的特点。单体规模方面，截至 2023 年底，我国 10 万千瓦级以上电站装机容量 1281 万 kW、装机占比 51.23%；5 万~10 万千瓦级电站装机容量 1170 万 kW、装机占比 46.81%；5 万千瓦级以下电站装机占比 1.96%。**利用情况方面，电源侧储能**中新能源配储的日均运行小时数从 2022 年的 1.44h 提升到 2023 年的 2.18h，平均等效充放电次数 104 次[9]，火电配储的日均运行小时数从 2022 年的 7.92h 提升到 2023 年的 11.62h，平均等效充放电次数 1015 次；**电网侧储能**日均运行小时数从 2022 年的 3.03h 下降到 2023 年的 2.61h，平均等效充放电次数 172 次；**用户侧储能**日均运行小时数从 2022 年的 9.6h 提升到 2023 年的 14.25h，平均等效充放电次数 317 次。2023 年我国源网荷侧新型储能运行利用情况见表 2-1。

表 2-1　　　　2023 年我国源网荷侧新型储能运行利用情况

源网荷各侧储能		平均运行系数	平均等效充放次数	平均日等效充放次数
电源侧储能	新能源配储	0.09，日均运行 2.18h，年均运行 791h	104 次	0.28 次，每 3.5 天完成 1 次充放电
	火电配储	0.48，日均运行 11.62h，年均运行 4242h	1015 次	2.78 次，每天完成 1 次充放电
电网侧储能		0.11，日均运行 2.61h，年均运行 953h	172 次	0.47 次，每 1.2 天完成 1 次充放电
负荷侧储能		0.59，日均运行 14.25h，年均运行 5203h	317 次	0.28 次，每 2.1 天完成 1 次充放电

（本节撰写人：吴洲洋、王旭斌、孟子涵　审核人：代贤忠）

2.2 数 智 赋 能 赋 效

为有效应对和化解电力安全可靠供应、提升新能源消纳能力、满足多元主体友好接入等方面面临的问题和挑战，需要以数字化智能化为路径，充分应用"大云物移智链边"等先进技术赋能赋效物理电网，提供精准感知、可靠传输、数据融通、算力强大、安全可信的数智化基础支撑能力。

2.2.1 数字化升级驱动

在新型电力系统的构建中，数字化升级驱动是不可或缺的一环。通过充分发挥数据要素的价值作用，并综合考虑系统感知、实时监测等关键维度，能够显著增强电力系统的可观性、可测性、可调性和可控性。这一过程中，数字技术与物理系统的深度融合成为推动力量，为电力系统的现代化和智能化奠定了坚实基础。

通过多元化监测装置与智能技术，全面提升输电与变电站的状态感知能力。在输电线路状态感知方面，截至 2022 年，配置导线舞动、覆冰等各类在线监测装置 26.78 万套，其中"国网芯"1.1 万套，推广北斗在线监测装置 0.9 万套。按照电压等级及重要程度随电缆敷设电缆本体监测终端和环境监测终端装置。建设无人机等线路智能巡检终端 0.52 万套，配置无人机 2.85 万架，实现 500kV 及以上线路自主巡检全覆盖。在变电站状态感知方面，投运智能变电站 0.94 万座，基本形成了较为完善的变电站运行控制终端体系，在 500kV（330kV）及以上厂站、220kV 枢纽变电站、大电源、电网薄弱点、通过 35kV 及以上电压等级线路并网且装机容量 40MW 及以上的风电场及光伏电站部署同步相量测量装置，0.36 万座变电站已具备一键顺控功能，部署一次设备在线监测、火灾消防、安全防卫、动环、智能锁控及智能巡视等终端装置。

通信能力升级显著，实现传输设备与数据通信设备的快速增长。电力骨干通信网光缆总长度达到 164.5 万 km，依托特高压工程建成"10 纵 14 横 3 环网"的省际光缆网架，各类传输设备总量达到 10.3 万套，数据通信网设备总量达到 7.6 万套，较"十三五"末分别增长 15.7%、21.4%、26%。传输网带宽方面，省际大容量骨干网（OTN）数据中心之间带宽达到单波 100G，省际 SDH 传输网带宽以 2.5G 为主，部分区域达到 10G。电力骨干通信网架构见图 2-7。

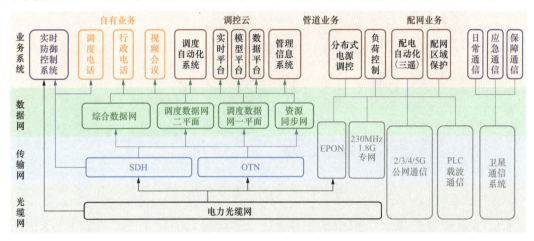

图 2-7　电力骨干通信网架构

平台基础支撑能力大幅提升，实现了服务调用量的显著增长和内外部应用场景的全面覆盖。企业中台方面，截至 2023 年底，基于企业中台的应用大幅增加，赋能应用场景超 5 万个。电网一张图构建方面，当前对内通过"发、输、变、配、用"全环节覆盖、"网、省、地、县"全网架衔接，实现静态网架展示、动态信息融合与运检业务叠加。企业中台整体架构见图 2-8。

通过整合资源和技术，实现了人工智能在电网各领域的深度应用。电力人工智能两库一平台（包括样本库、模型库、人工智能平台），为人工智能应用需求提供样本管理、模型管理、模型训练等服务，整合了人工智能研发的各个环节，促进电网运行效率和智能化水平。平台打造了输电无人机巡检、变电站智能巡视等典型应用场景，推动了人工智能与电网生产、客户服务、企业经营等领域融合应用，明显提高了基层工作质效。电力人工智能"两库一平台"在国家电网有限公司总部和北京、上海、山西、湖北、湖南等地区完成部署，并实

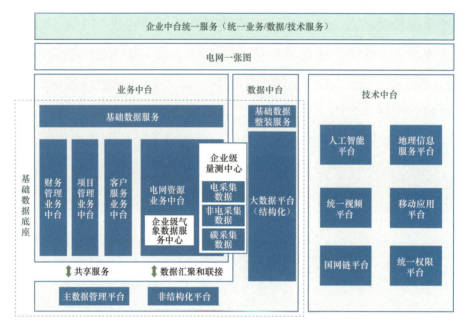

图 2-8　企业中台整体架构

现了总部侧和省级样本、模型数据贯通。通过提供闭环的全链条人工智能模型开发、管理、运营服务，支撑输配电无人机智能巡检、现场作业违章识别、营销智能客服等典型电力业务场景，有效推动人工智能技术与电力领域深度融合，是电力行业内应用范围最广的人工智能平台。人工智能平台整体架构见图 2-9。

2.2.2　智能化融合互动

在数字化升级的基础上，智能化技术为新型电力系统带来了更为深远的变革。通过"算力""数力"和"智力"的深度融合，智能化技术正在优化电力系统的能量流、业务流和价值流，推动新模式、新业态的发展。

赋能规划建设。规划方面，落实电网规划刚性约束要求，丰富扩充规划影像地图数据，升级规划仿真平台功能，提升规划数据智能化维护能力，配套加强电网规划专用算力，加快"网上电网"智能化应用。**建设方面，**加强数智技术赋能，推广 e 基建 2.0 平台，深化现代智慧工地建设，推进北斗、国网芯、三维 GIS、卫星遥感、区块链等技术应用，打造工程现场管理、施工智能控制一体

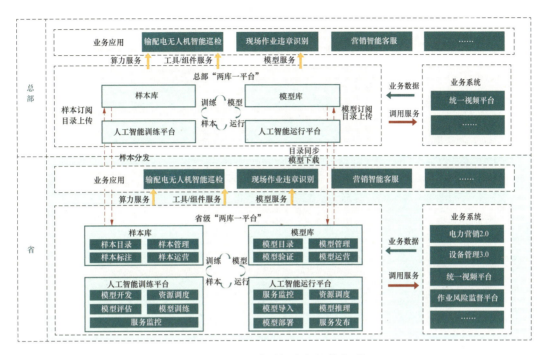

图 2-9   人工智能平台整体架构

化的现代智慧工地。网上电网业务架构见图 2-10。

赋能调度控制。分布式光伏规模化调控方面，提高分布式光伏预测精度，探索低压分布式光伏聚合参与市场的间接调节模式与分层自治的平衡新模式。**新型电力系统调度体系方面，**坚持统一调度、分级管理，将分布式电源、虚拟电厂、增量配电网等新型并网主体纳入统一调度管理，研究制定风光水火储联营等新业态调度管理模式，推动国家、行业建立健全新要素、新业态涉网标准和管理体系，建立有源配电网新型调度管理体系，加强与主网调度紧密高效协同，做好方式安排、电力平衡、故障处置等统筹协调。

赋能安全生产。电网作业方面，输电集中监控，深化通道集中监控、无人机自主巡检等新装备新技术规模化应用水平，构建电网资源中台的物理载体，实现电网拓扑、实时量测、视频等全要素的汇聚与贯通；变电站智能巡视，完善智能巡视策略，优化智能巡视算法，深挖智能巡视数据价值，基于多维状态量运用智能算法进行数据融合分析，提升主设备健康评估模型准确度，加快寿命预测动

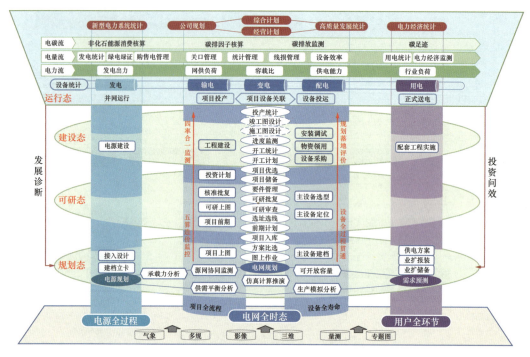

图 2-10　网上电网业务架构

态分析方法研究，深化设备故障机理分析及诊断模型完善。**安全管控方面**，推广"安监+人工智能"应用，建成完善的"云边协同"安监专业现场作业安全智能管控能力体系，统一开展样本库和模型库建设运营，强化无人机督查应用建设。

　　赋能资源互动。新型电力负荷管理系统建设方面，实施需求侧资源"统一管理、统一调控、统一服务"，提升数据精度和传输速度，上线空调负荷管理、虚拟电厂服务等功能，试点单位完成生产控制大区及配套建设。**负荷资源高效参与电网互动方面**，将虚拟电厂、负荷聚合商、电动汽车、空调负荷等新型可调节资源管理纳入负荷管理常态化业务范畴，常态化开展运行监测、可调能力预测。

　　赋能绿色低碳。新能源发展方面，全面提升优化已有服务的水平，包括国网新能源云全景规划布局和建站选址、全口径电源线上接网、全过程补贴申报管理、全域消纳能力计算和发布等，推动实现产品化发展，实现"业务网上办，进度线上查"。**新型储能发展方面**，全面汇集全国规模以上储能电站信息，积极开展储能电站数据及相关信息计算处理、分析能力研究，明确储能电站接入标准，推动全国规模以上储能电站接入工作。**电动汽车发展方面，**升级改造国网智慧车联网平台，聚合各类运营商充电设施资源，实现多系统数据互通、互动交互，支撑电动汽车充放电负荷可观、可测、可调、可控、可交易。车网互动建设方案总体示意见图 2-11。

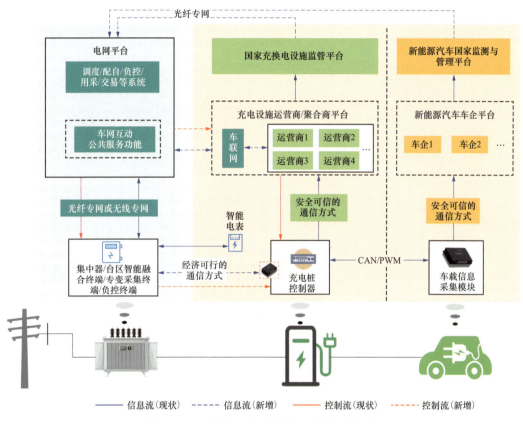

图 2-11　车网互动建设方案总体示意图

（本节撰写人：丁玉成　审核人：谢光龙）

2.3　发 展 评 估 分 析

围绕新型电力系统清洁低碳、安全充裕、经济高效、供需协同、灵活智能五个特征，系统构建新型电力系统发展评估体系，坚持针对性、实用性、可获取性原则，选取关键指标，综合评价分析新型电力系统发展情况。新型电力系统发展评估体系见表 2-2。

表 2-2　　　　　　　　　　新型电力系统发展评估体系

一级指标	二级指标	三级指标
清洁低碳	源端清洁化水平	新能源装机、发电量占比，清洁能源装机、发电量占比
	终端电气化水平	电能占终端能源消费比重
	系统碳排放水平	度电碳排放，单位 GDP 能耗
安全充裕	供应充裕性	有效供应裕度*
	调节充裕性	灵活调节电源占比，系统等效惯量**
	系统可靠性	发电可靠性（等效可用系数、非计划停运次数），输电可靠性（等效可用系数、强迫停运率），供电可靠性（户均停电时间及频率）
经济高效	系统成本	单位 GDP 电力成本
	技术成本	新能源度电成本（风电、光伏）
	电价水平	上网电价，输配电价，销售电价（工业、居民）
	运行经济性	线损率
	新能源利用水平	新能源利用率，弃电率、弃风率、弃光率
供需协同	规模速度协调性	电源装机、电网容量发展规模及速度
	网源发展协调性	网源发展规模、投资的协调性
	网荷发展协调性	网荷发展规模的协调性
	需求响应水平	需求响应规模
灵活智能	电网互联互通水平	跨省跨区输电容量、电量及与最大负荷、用电量的比值，直流输电容量
	电力数字化智能化水平	电力数字化智能化投资，电力数字化智能化技术专利成果

* 有效供应裕度=电源有效容量/最大负荷，其中电源有效容量=Σ（不同电源容量×不同电源可用系数）；强调的是电源对负荷的"可靠"支撑能力，即电力系统具备充足的电源有效装机容量以应对电力负荷高峰需求的能力。

** 系统等效惯量（时间常数）=电源转子旋转动能所储存动能/系统电源装机容量，其中电源转子旋转动能所储存动能等效为Σ（不同电源容量×不同电源等效惯量时间常数×开机状态）；系统等效惯量评估较为复杂，与各个国家及地区电力系统电源类型、负荷特性、电网结构以及运行状态等很多因素相关，因此所测算的系统等效惯量仅反映整体变化趋势，可横向初步比较不同地区在能源转型背景下系统惯量的变化情况。

2.3.1 清洁低碳

（一）源端清洁化水平

（1）新能源装机及发电量占比。

从新能源装机占比来看，我国风电、光伏发电装机占比由 2014 年的 8.8%增长至 2023 年的 36.0%，其中 2023 年升幅最快，达到 6.4 个百分点。与风电装机相比，光伏发电装机增长幅度更大。2022 年，光伏发电装机容量首次超过风电装机容量，2023 年光伏发电装机占新能源装机的比重为 58.0%，光伏发电与风电装机容量比值为 1.38。截至 2023 年底，我国光伏发电装机容量累计达 60 950 万 kW，其中分布式光伏装机容量达 25 444 万 kW，占比 41.7%，呈现快速增长态势。

新能源发电量占比也一直处于上升状态，但是增速慢于新能源装机占比，2023 年，我国新能源发电量达到 14 701 亿 kW·h，占比达到 15.5%。新能源发电量增量占总发电量增量的 46.1%，新能源逐渐成为新增发电量的主体，风电发电量高于光伏发电量。2014—2023 年我国新能源装机容量及占比、新能源发电量及占比、分布式光伏装机容量分别见图 2-12～图 2-14。

图 2-12　2014—2023 年我国新能源装机容量及占比

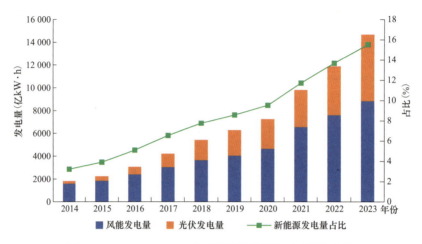

图 2-13　2014－2023 年我国新能源发电量及占比

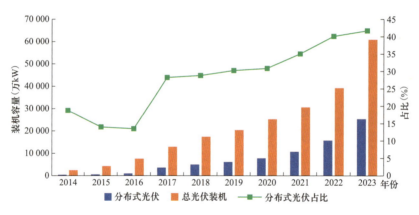

图 2-14　2014－2023 年我国分布式光伏装机容量

（2）清洁能源装机及发电量占比。

2014－2023 年我国清洁能源装机占比一直处于上升趋势，2023 年清洁能源装机占比达到 56.7%。清洁能源发电量近年来持续提升，在 2023 年出现小幅度下降，降幅为 0.26 个百分点。水力发电在清洁能源发电中占比最高，为 13.6%。2014－2023 年我国清洁能源装机容量及占比、清洁能源发电量及占比分别见图 2-15、图 2-16。

图 2-15　2014－2023 年我国清洁能源装机容量及占比

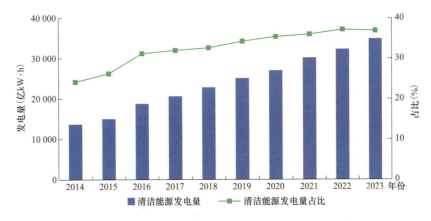

图 2-16　2014－2023 年我国清洁能源发电量及占比

（二）终端电气化水平

近年来，我国电能占终端能源消费比重在 20%～30% 之间，除 2019 年出现略微下降以外，其余年份均呈现稳定上升趋势。2023 年，电能占终端能源消费比重达到 28.1%[3]。高于世界平均水平。其中，工业、建筑电气化率分别达到 27.6%、48.1%。2014－2023 年我国电能占终端消费比重见图 2-17。

（三）系统碳排放水平

（1）度电碳排放。

近年来我国度电碳排放呈现下降趋势，2023 年为 540g/（kW·h）[4]，与 2018 年相比下降了 52g/（kW·h）。2018－2023 年我国度电碳排放水平见图 2-18。

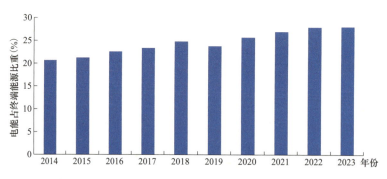

图 2-17　2014－2023 年我国电能占终端消费比重

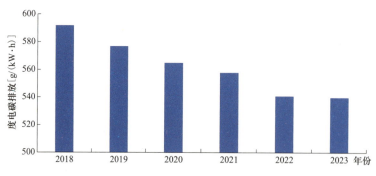

图 2-18　2018－2023 年我国度电碳排放水平

（2）单位 GDP 能耗。

　　近年来我国单位 GDP 能耗呈现下降趋势，2023 年为 0.47tce/万元，相比 2014 年下降了 34.7 个百分点。2014－2023 年我国单位 GDP 能耗见图 2-19。

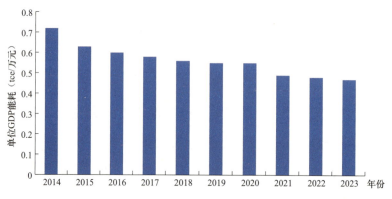

图 2-19　2014－2023 年我国单位 GDP 能耗

2.3.2 安全充裕

（一）供应充裕性

基于各类电源特性，考虑风光新能源、常规电源对有效容量的贡献存在差异。若不考虑风光装机贡献，且各电源可用系数为 1 情况下，我国有效供应裕度由总装机时的 2.17 下降为 1.39。考虑电源可用系数后，有效供应裕度为 1.09，体现了电源燃料受阻、非计划停运等因素对电力供应能力的影响。在不考虑风光装机贡献时有效供应裕度下降为 1.06，说明风光装机在计及可用系数后对有效容量的贡献较小。2023 年我国不同情况下电力有效供应裕度见图 2-20。

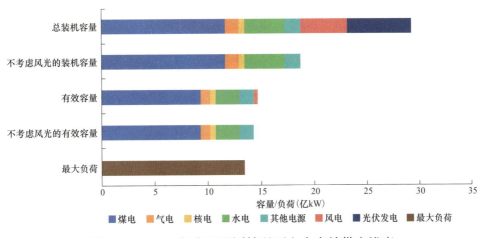

图 2-20　2023 年我国不同情况下电力有效供应裕度

2015 年以来，我国电力有效供应裕度持续下降，2022 年已降至 1.1 以下，主要是电源有效容量增量低于电力负荷增量，"十四五"以来国家电网经营区年均电源有效容量仅增长 5000 万 kW，而最大负荷年均增长 7000 万 kW，这也印证了 2021、2022 年多次发生电力供应紧张的现象。2014—2023 年我国有效供应裕度变化见图 2-21。

图 2-21　2014－2023 年我国有效供应裕度变化

（二）调节充裕性

（1）灵活调节电源占比。

2014 年以来，我国燃气发电、抽水蓄能、新型储能等灵活调节电源占比逐步提高，但规模仍较小；2023 年达到 7.1%，相较 2014 年上升了 1.2 个百分点。2014－2023 年我国灵活调节电源占比变化见图 2-22。

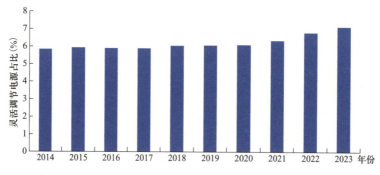

图 2-22　2014－2023 年我国灵活调节电源占比变化

（2）系统等效惯量。

随着新能源装机容量的不断增加，近年来系统等效惯量不断减少。根据国际电力系统稳定经验，当系统等效惯量维持在 4s 以上，则说明系统等效惯量较充裕；系统等效惯量低于 3s，则说明惯量裕度较为紧张。当考虑常规机组全开时，2023 年系统等效惯量为 4.47s，相比 2012 年下降了 31.17%。当考虑常规机组开机 70%时，2023 年系统等效惯量为 3.13s，接近惯量裕度临界状态。若考虑新能源机组虚拟惯量支撑，2023 年系统等效惯量上升为 5.90s，表明新能源机组具备主动支撑能力对于系统安全稳定运行十分重要。2012－2023 年我国系统等效惯量变化及新能源装机占比见图 2-23。

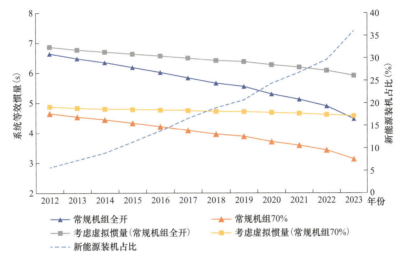

图 2-23　2012－2023 年我国系统等效惯量变化及新能源装机占比

（三）系统可靠性

（1）发电可靠性。

火电机组发电可靠性稳中有升。从等效可用系数看，自 2021 年起我国各等级火力机组等效可用系数逐渐增加，2023 年 1000、600、300 兆瓦等级燃煤机组的等效可用系数分别为 91.23%、91.42%和 92.19%[10]，同比上升了 0.92、0.11、0.08 个百分点。而纳入可靠性统计的 100MW 及以上燃气轮机组的等效可用系数为 92.9%，同比上升 0.28 个百分点。由于燃气轮机具有较高的热效率和快速启停的能力，在部分负荷和快速响应需求方面优于燃煤机组，等效可用系数整体高于燃煤机组。2014－2023 年我国火力机组等效可用系数见图 2-24。

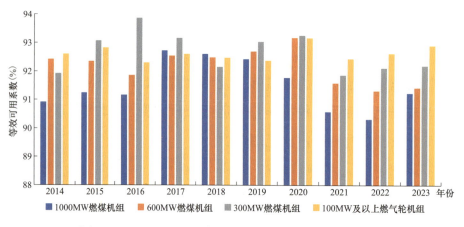

图 2-24　2014－2023 年我国火力机组等效可用系数

从非计划停运次数看，我国火电机组非计划停运次数下降，发电可靠性稳定提高。2023 年 1000、600MW 和 300MW 燃煤机组非计划停运次数分别为 68、274 次和 411 次，分别同比减少了 12、68 次和 25 次。2021－2023 年各等级燃煤机组非计划停运次数下降至 0.5 次/（台·年）以下。燃气轮机由于使用天然气等清洁能源作为燃料，燃烧稳定且过程清洁，同时燃气轮机对环境温度和湿度的适应性较强，因此停机风险较低。2023 年燃气轮机组非计划停运次数仅为 0.19 次/（台·年），远低于燃煤机组。2014－2023 年我国火力机组非计划停运次数见图 2-25。

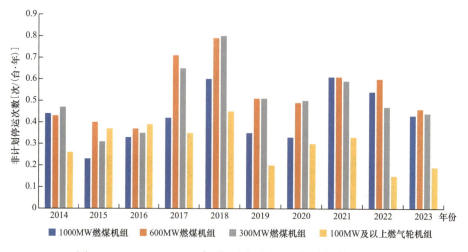

图 2-25　2014－2023 年我国火力机组非计划停运次数

（2）输电可靠性。

架空线路运行可靠性指标总体降低但仍维持在较高水平。从等效可用系数看， 2023 年我国架空线路可用系数为 99.440%，较 2014 年下降 0.051%。架空线路可用系数近五年保持在 99.4%～99.5%之间，前四年呈上升趋势，但 2023 年下降明显，原因是 2023 年受雨雪冰冻天气增多，架空线路共发生非计划停运 521次，同比增加 124 次，停运时间延长，导致可用系数出现较为明显的下降。**从强迫停运率看，** 受自然灾害的影响，2023 年架空线路强迫停运率有所上升。2023年架空线路强迫停运率为 0.054 次/（百千米·年），较 2014 年下降 0.027 次/（百千米·年），同比上升 0.019 次/（百千米·年）。2014—2023 年我国架空线路可用系数和强迫停运率见图 2-26。

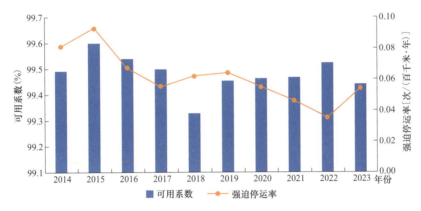

图 2-26　2014—2023 年我国架空线路可用系数和强迫停运率

变压器可靠性指标整体平稳。从可用系数看， 2023 年我国变压器可用系数为 99.563%，较 2014 年下降了 0.395 个百分点，同比增加了 0.095 个百分点。产品质量不良、设备老化和气候因素是引起近五年变压器可用系数略低的主要原因。**从强迫停运率看，** 自 2014 年起，变压器强迫停运率整体呈波动下降趋势。由于智能控制系统的广泛投入，智能化的运维方式减少了变压器故障停机时间，自 2020 年起变压器强迫停运率出现较为明显的减幅，2023 年变压器强迫停运率为 0.144 次/（百台·年）。2013—2023 年我国变压器可用系数和强迫停运率见图 2-27。

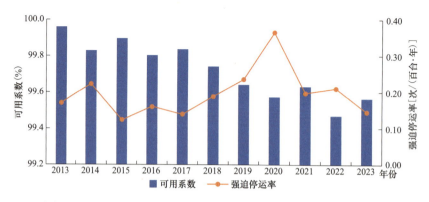

图 2-27　2013－2023 年我国变压器可用系数和强迫停运率

直流输电系统运行可靠性指标整体良好。从平均强迫停运次数看，2023 年我国直流输电系统共发生 32 次强迫停运，其中双极强迫停运 1 次、单极强迫停运 21 次、阀组强迫停运 7 次、单元强迫停运 3 次。与 2022 年相比，总计强迫停运次数同比增加 7 次，其中双极强迫停运同比持平，单极强迫停运增加 10 次，阀组强迫停运同比减少 1 次，单元强迫停运同比减少 2 次。2014－2023 年我国直流输电系统平均强迫停运次数见图 2-28。

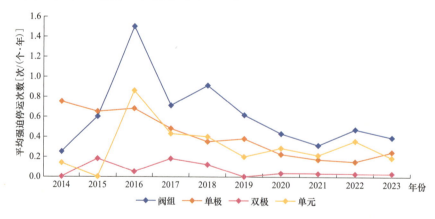

图 2-28　2014－2023 年我国直流输电系统平均强迫停运次数

2014－2023 年间，单极平均强迫停运次数下降最为明显，下降 0.505 次/（个·年），而单极、单元、阀组强迫停运有小幅增加。随着老旧设备的不断更新以及高效换流阀、智能化监控系统的推广普及，全国直流输电系统整体平均强迫停运次数仍将稳步降低。

（3）供电可靠性。

户均停电时间自 2016 年起呈显著下降趋势，我国供电可靠性稳步增长，城网、农网地区供电可靠性逐步缩小。2023 年，我国户均停电时间为 7.83h/户，同比减少 1.27h/户，户均停电频率 2.30 次/户，同比减少 0.31 次/户。其中，城市、农村地区户均停电时间分别为 2.14h/户和 8.74h/户；户均停电频率分别为 0.68 次/户和 2.56 次/户。2016 年起随着不断优化电网结构，包括对老旧电网的改造升级，以及对新电网的建设规划，提升了电网的承载能力和稳定性，我国供电可靠性上升明显。2014－2023 年我国供电系统户均停电时间变化、户均停电频率变化分别见图 2-29、图 2-30。

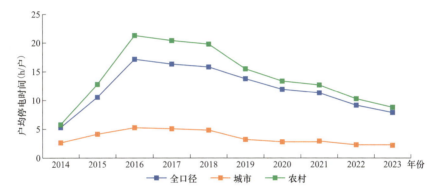

图 2-29　2014－2023 年我国供电系统户均停电时间变化

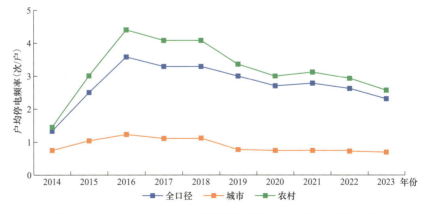

图 2-30　2014－2023 年我国供电系统户均停电频率变化

各区域供电可靠性差异明显。华东、华北区域供电可靠性水平领先，户均停电时间和频率均低于全国平均值，而东北区域和西北区域供电可靠性存在显著差距。其中，东北和西北区域农村地区户均停电时间和频率较高，分别为 16.56h/户和 15.33h/户、5.65 次/户和 3.63 次/户。原因主要是其电网建设相对滞后，电力传输和分配效率较低。同时应急响应机制和调度能力不够强，无法迅速有效地应对停电事故的发生。2023 年我国各区域全口径、城市和农村地区的户均停电时间、户均停电频率分别见图 2-31、图 2-32。

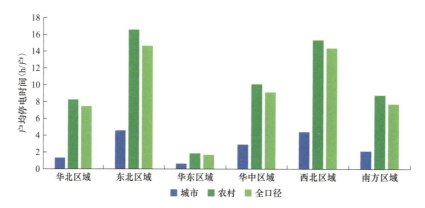

图 2-31　2023 年我国各区域全口径、城市和农村地区户均停电时间

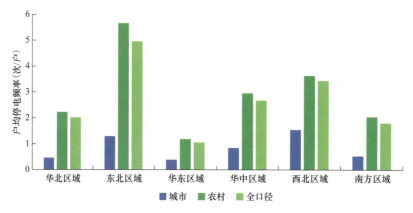

图 2-32　2023 年我国各区域全口径、城市和农村地区户均停电频率

2.3.3　经济高效

（一）系统成本

从单位 GDP 电力成本来看，2014－2021 年我国呈现下降趋势，由 593 元/

万元下降至 411 元/万元，下降 30.69%。从单位 GDP 电耗来看，我国单位 GDP 电耗 2014－2023 年整体呈现下降趋势，只有 2020 年和 2023 年出现略微上涨。从整体来看，单位 GDP 电耗已从 2014 年的 865kW·h/万元下降至 2023 年的 732kW·h/万元。2014－2023 年我国单位 GDP 电力成本见图 2-33。

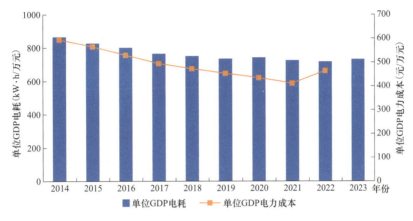

图 2-33   2014－2023 年我国单位 GDP 电力成本

（二）技术成本

近年来，我国风电、光伏度电成本均呈现下降趋势。从陆上风电看，2023 年度电成本为 0.026 美元/（kW·h），相比 2014 年下降 64%。光伏度电成本也维持在较低水平，2023 年为 0.036 美元/（kW·h），2014－2018 年下降迅速，幅度超过 70%，主要得益于技术进步与成本降低、政策支持与市场机制、产业协同以及安装与运维成本降低等多个方面的因素共同作用。2014－2023 年我国风光度电成本变化见图 2-34。

从光伏度电成本分类看，集中式光伏度电成本总体要高于分布式光伏，且利用小时数越大，度电成本越低。以年利用小时数 1800h 的集中式光伏为例，2018－2022 年度电成本均呈现下降趋势，集中式光伏由 0.32 元/（kW·h）降至 0.18 元/（kW·h），分布式光伏由 0.27 元/（kW·h）降至 0.18 元/（kW·h）。从海上风电度电成本来看，2022 年海上风电仅为 0.52 元/（kW·h），相比 2010 年下降了 58%。

49

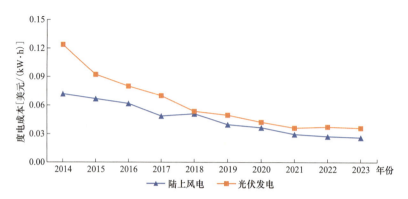

图 2-34　2014－2023 年我国风光度电成本变化

（三）电价水平

2022 年，我国上网电价、输配电价、平均销售电价分别为 0.404、0.209、0.652 元/（kW·h），且近年来上网电价、平均销售电价有所增加，输配电价变化较小。2022 年，我国工业、居民电价分别为 0.404、0.572 元/（kW·h），且近年来工业电价有所增加，居民电价维持平稳。2014－2023 年我国上网、输配与销售电价见图 2-35，工业电价、居民电价见图 2-36。

图 2-35　2014－2023 年我国上网、输配与销售电价

（四）运行经济性

2014 年以来，我国线损率逐年下降，2023 年降低至 4.54%，较 2014 年下降 2.1 个百分点。2014－2023 年我国线损率变化见图 2-37。

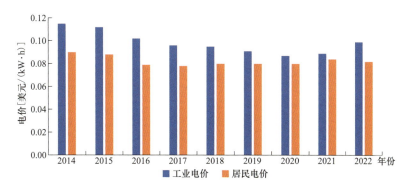

图 2-36　2014－2023 年我国工业电价、居民电价

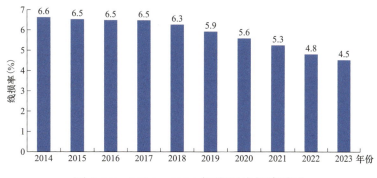

图 2-37　2014－2023 年我国线损率变化

（五）新能源利用水平

近年来，我国弃风率和弃光率维持在较低水平。从风电弃电率看，2017 年以后逐年下降，2023 年仅为 2.3%。从光伏弃电率看，由 2015 年的 12.6% 下降至 2023 年的 2%。弃光率存在显著的地区差异，一般来说光照资源丰富的地区如西藏、青海、甘肃等，因本地负荷较小、消纳能力有限等原因，弃光率往往较高。从新能源总体利用率看，连续五年超过 95%，2023 年达到 97.4%。2015－2023 年我国风光新能源利用情况见图 2-38。

2.3.4　供需协同

（一）规模速度协调性

从发展规模和速度看，截至 2023 年底，我国 220kV 及以上输电线路长度首次突破 90 万 km，同比增长 4.93%；220kV 及以上变电设备容量达 57.2 亿 kV·A，

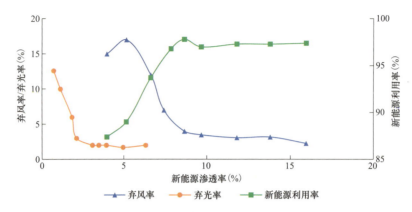

图 2-38 2015－2023 年我国风光新能源利用情况

同比增长 5.75%，220kV 及以上变电容量增长与输电线路增长趋势相一致；以光伏、风力为主的清洁电源装机增速较快，2023 年并网装机容量累计达 29 亿 kW，同比增长了 13.87%，为近十年最高增速。2014－2023 年我国 220kV 及以上电网线路长度及年增长率、220kV 及以上变电容量及年增长率、并网装机容量及年增长率分别见图 2-39 ~ 图 2-41。

图 2-39 2014－2023 年我国 220kV 及以上电网线路长度及年增长率

（二）网源发展协调性

从发展规模看，2020 年之前我国电源、电网发展规模较为均衡，但之后随着新能源建设加快，网源发展的规模差距逐渐拉大。2020 年之前网源规模比维持在 2.0 以上。2020 年之后电源规模增幅明显，2023 年网源规模比值降低至 1.86。2020 年起电源装机增速明显高于变电容量增速，电源增速从 2020 年的 9.45%

图 2-40　2014－2023 年我国 220kV 及以上变电容量及年增长率

图 2-41　2014－2023 年我国并网装机容量及年增长率

上升至 2023 年的 13.87%，变电增速从 8.96% 降低至 5.75%，且差距逐步加大，网源增速比值从 2020 年的 0.95 逐步降低至 2023 年的 0.41。2014－2023 年我国电源装机容量和变电容量规模对比、增速对比分别见图 2-42、图 2-43。

图 2-42　2014－2023 年我国电源装机容量和变电容量规模对比

图 2-43　2014－2023 年我国电源装机容量和变电容量增速对比

从电力投资看，我国电网投资和电源投资规模逐年增大，其中电源投资增幅较为明显。电网投资连续五年稳定在 5000 亿元左右，投资增速平缓。而电源投资规模连续四年高于电网投资规模，且近五年电源投资增速大幅领先。2023年，电网投资 5275 亿元，同比增长 5.37%；电源投资 9675 亿元，同比增长 29.62%，远高于电网增速，主要与新能源发展快有关。2014－2023 年我国电力投资规模变化、增速变化见图 2-44、图 2-45。

图 2-44　2014－2023 年我国电力投资规模变化

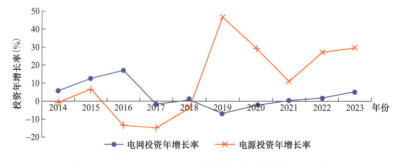

图 2-45　2014－2023 我国电力投资增速变化

（三）网荷发展协调性

从网荷规模及增速来看，我国电网建设规模与用电负荷需求增长总体协调。近年来用电峰值负荷屡创新高，2021－2023 年增幅分别约 10.91%、8.05% 和 4.33%。为满足电力负荷增长的需求，电网输配电能力不断增强，跨区跨省资源配置能力稳步增长。2021－2023 年 220kV 及以上变电（换流）容量分别为 49 亿、51.3 亿 kV·A 和 54.2 亿 kV·A，增幅分别约 5.4%、3.45% 和 5.75%，变电容量增速逐渐上升。2013－2023 年我国网荷规模及增速对比见图 2-46。

2020 年之前，网荷发展协调性［220kV 及以上电网变电（换流）容量平均增长率/负荷平均增长率］普遍处于 1.0 以上，电力系统网荷发展规模较为均衡。受新冠疫情影响最大用电负荷大幅增加，网荷发展协调性降低至 0.5 以下。但 2023 年由于变电容量增速较快，2021－2022 年网荷发展协调性上升至 1.33。2014－2023 年我国网荷发展协调性变化见图 2-47。

图 2-46　2013－2023 年我国网荷规模及增速对比

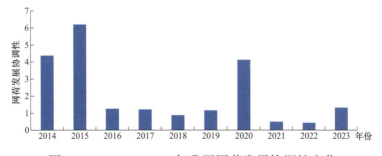

图 2-47　2014－2023 年我国网荷发展协调性变化

（四）需求响应水平

近年来，我国需求响应规模不断扩大，主要体现在实施次数与削减负荷两个方面。2020 年，需求响应次数达到 16 次，削减负荷 477.8 万 kW[11]，为缓解电网高峰压力、优化能源配置提供重要支撑。以削峰填谷为主要形式的需求响应业态推广范围和规模持续扩大，截至 2022 年底，全国已有 20 余个省市出台了需求响应实施细则，国家电网经营区培育需求响应资源库超 4700 万 kW，南方电网经营区需求响应能力也超 1100 万 kW。2014—2020 年我国开展削峰需求响应情况见表 2-3。

表 2-3　　　　　　　　2014—2020 年我国开展削峰需求响应情况

年份	实施次数（次）	削减负荷（万 kW）	削减电量（万 kW·h）
2014	1	55	28
2015	18	2161	1215
2016	9	4191	2827
2017	2	77	26
2018	8	2448	1495
2019	51	7033	81 187
2020	16	4778	—

2.3.5　灵活智能

（一）电网互联互通水平

近年来，我国跨省跨区输送电量稳定上升，跨省输送电量由 2014 年的 8670 亿 kW·h 上升至 2023 年的 18 500 亿 kW·h，同比 2022 年上升 10.73%。跨区输送电量由 2014 年的 2997 亿 kW·h 上升至 2023 年的 8494 亿 kW·h。2014—2023 年我国跨省跨区输送电量见图 2-48。

图 2-48 2014－2023 年我国跨省跨区输送电量

（二）电力数字化智能化水平

（1）电力数字化智能化投资。

为加快推进电力企业数字化转型，电力科技数字化投入正持续加强。2023年，我国电力行业数字化投入为 396.5 亿元[3]，其中，电源、电网、电建、电气装备企业分别占 43.98%、48.35%、4.50%、3.17%。2023 年我国电力行业数字化投入情况见图 2-49。

图 2-49 2023 年我国电力行业数字化投入情况

（2）电力数字化智能化技术专利成果。

2017 年以来，我国电力数字化发展稳中有进，主要电力企业专利申请量和授权量持续增长。截至 2023 年，主要电力企业国内专利的申请量为 95 942 项，授权量为 60 212 项，相较于 2017 年分别增加了 64 763 项和 38 932 项，同比增加了 10 928 项和 2136 项。2017－2023 年我国电力企业专利情况见图 2-50。

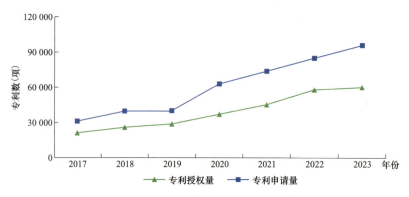

图 2-50 2017－2023 年我国电力企业专利情况

（本节撰写人：王旭斌 审核人：韩新阳、靳晓凌）

3

科技创新驱动

新型电力系统科技创新需统筹近期、中远期研发需求，围绕源、网、荷、储多环节，超前谋划、统筹安排基础性、关键性、颠覆性技术的科研攻关、试点应用、产业孵化、工程推广。

3.1 基础性技术创新发展

新型电力系统加速建设下复杂电力电子设备大规模接入电网，能源电力形态正发生深刻变化。面对新形势新挑战，需要超大型电力系统电磁暂态仿真平台发挥更大作用，开展多时间尺度、多运行方式、多典型场景的仿真分析，支撑新型电力系统科学构建和安全运行。

新一代电力系统仿真技术及平台提升系统安全稳定分析技术支撑能力。 随着电力电子设备在现代电力系统中广泛应用，电力系统的规模和复杂程度也不断增加，传统的机电暂态仿真方法无法准确模拟这些含电力电子器件设备的响应和控制特性，支撑大电网安全运行的仿真分析面临"仿不了""仿不准""仿不快"的难题。国家电网有限公司结合大电网发展实际，研发超大型电力系统电磁暂态仿真平台，并推动仿真研究成果实现工程应用，全力支撑新型电力系统建设。仿真规模达到上万节点，实现了对含多回直流和高比例新能源的大规模电网的电磁暂态仿真，覆盖了国家电网经营区 26 个省（自治区、直辖市），输电线路长度超过 150 万 km，系统规模超过 10 万个三相节点。目前，超大型电力系统电磁暂态仿真平台已实现国家电网全部骨干网架的微秒级电磁暂态仿真。国家电网仿真中心见图 3-1。

图 3-1　国家电网仿真中心

（本节撰写人：王旭斌　审核人：韩新阳）

3.2 关键性技术创新应用

结合新型电力系统构建面临的关键技术难题，从技术成熟度、成本经济性、应用场景等维度，分析技术创新示范实践应用情况，研判新型电力系统技术创新发展趋势。

3.2.1 常规电源清洁利用技术

（1）煤电灵活性改造技术。

随着新能源装机总量和占比的持续提升，电力系统对灵活调节能力的需求越来越突出。2024 年 2 月，国家发展改革委、国家能源局发布的《关于加强电网调峰储能和智能化调度能力建设的指导意见》指出，深入开展煤电机组灵活性改造，到 2027 年存量煤电机组实现"应改尽改"。煤电灵活性改造是指针对煤电机组进行特定技术改造，提升煤电机组的负荷调节能力，保障电网在消纳新能源电力的同时安全稳定运行。

技术成熟度方面，煤电灵活性改造技术成熟、综合能效高，注重调频、调压和备用功能作用发挥，需要加强标准化、规范化和科学化改造。 当前，煤电灵活性改造的核心目标是降低最小出力、快速启停、快速升降负荷等，技术路径包括锅炉侧的低负荷稳燃技术和宽负荷脱硝技术等。根据改造机组的不同，火电灵活性改造分为纯凝机组改造和热电联产机组改造，其中纯凝机组改造后调峰深度更大，而热电联产机组"以热定电"的特征限制了调峰深度。技术标准是行业保持高度统一和协调的关键，煤电灵活性领域出现了很多新技术、新产品，通过完善技术标准体系可以推动灵活性改造规范、高效开展，可以保障在役机组安全、环保、经济运行。需要进一步完善煤电机组最小出力技术标准，在考虑安全和环保约束的前提下科学核定煤电机组深度调峰能力。未改造前的煤电机组爬坡速率一般为 1% ~ 2% 额定容量/min，而改造后部分新机组的爬坡速度可达到 3% ~ 6% 额定容量/min。

技术经济性方面，当前煤电机组灵活性改造项目技术路线较多，不同地域、不同电网、不同机型技术经济性等均存在一定适用差异性。 大量机组剩余设计寿命进入 15 年以内，现有辅助服务市场、价格机制等对于这部分机组改造的经济性支撑偏弱；随着调节深度和次数不断增加，灵活性改造对机组运行安全性的影响逐步凸显，运维成本也显著增加，导致各电厂推进改造的积极性减弱；灵活性改造导致更低负荷运行时长增加，在一定程度上拉高了机组运行煤耗，对企业节能考核、盈利能力都带来负面影响等。对于纯凝机组改造，30 万 kW 和 60 万 kW 纯凝汽机组最小稳定出力由 50% 降至 30% 的单位千瓦改造成本在 125 元/kW 左右[12]。对于热电联产机组改造，30 万 ~ 60 万 kW 的大型热电厂，热电解耦需配套 2 万 ~ 7 万 m^3 的储热罐，改造成本为 444 元/kW。

应用场景方面， 目前，煤电机组灵活性改造的核心目标是适应未来以新能源为主体的电力系统负荷波动性变化，以降低最小技术出力，即增加调峰能力作为主要改造目标。

2024 年 1 月，国家能源集团"宿州热电基于熔盐储热的煤电灵活性关键技术研究及示范应用"项目开工，全国首个吉瓦时级熔盐储热耦合煤电机组热电解耦项目开始建设。熔盐储热技术与机组的深度耦合，可实现热电解耦，解决机组调峰与供热保障的关键问题。该项目采用高低温双罐熔盐储能系统，利用燃煤机组抽汽加热熔盐技术，以满足供热机组热电解耦及深度调峰运行灵活性要求。在提供连续工业供汽的同时，增加深调能力至 30% 额定负荷以下，带供热条件下的发电机组最高负荷也可由之前的 80% 额定负荷提升为 100% 额定负荷，提升供热机组尖峰发电的能力。

（2）煤电碳捕集、利用与封存（Carbon Capture Utilization and Storage，CCUS）技术。

技术成熟度方面，CCUS 技术尚未完全成熟。 我国针对 CCUS 全流程各类技术路线都分别开展了实验示范项目，但整体仍处于研发和实验阶段，而且项目及范围都较小。虽然新建项目和规模都在增加，但还缺少全流程一体、更大规模、可复制、经济效益明显的集成示范项目。

技术经济性方面，目前 CCUS 技术面临着成本高、商业模式不明确、政策支持不足等挑战。当前技术条件下 CCUS 项目的捕集和建运成本高昂，捕集能力 10 万 t/年的火电厂 CCUS 示范项目的设备安装、占地投资等前期基础投资成本在 1 亿元左右，运行成本每吨将近千元。封存或利用价值是决定"煤电+CCUS"经济效益的关键要素。研究表明，若捕获的 CO_2 完全不利用，全部封存，在 8% 的内部收益率前提下，需要到 2055 年左右才具备经济性。若将捕集到的 CO_2 进行生物/化工利用，2035 年左右将具备经济性。若将捕集到的 CO_2 用于强化石油开采，CO_2 利用收益不仅可完全抵消 CCUS 成本，还可为 CCUS 相关利益方创造额外利润，目前已经具备经济效益。需要通过多种途径降低成本、探索商业模式、加强政策支持，推动其实现商业化应用。

CCUS 技术是中长期煤电减排支撑手段，深刻影响煤电及新型电力系统发展路径。随着新能源渗透率持续提升，由于新能源的低保障出力特点，未来我国冬季晚高峰电力可能存在缺口，发展 CCUS 技术可有效发挥煤电的托底保供作用。

2024 年 5 月，中国石油"新能源+煤电+CCUS"一体化项目在新疆克拉玛依市启动建设。该一体化项目预计将于 2025 年 11 月实现光伏项目并网发电，2026 年 6 月煤电项目并网发电，并同期建成 100 万 t/年的二氧化碳捕集。届时，该一体化项目预计年产绿电 41.7 亿 kW·h、火电 52.8 亿 kW·h，捕集 CO_2 100 万 t。该一体化项目建成后将有力推动区域能源产业发展和用能结构改善，促进城市绿色低碳转型，为新疆北疆区域电网安全运行提供可靠电源支撑。

（本节撰写人：王旭斌　审核人：靳晓凌）

3.2.2　新能源构网型技术

构建以新能源为主体的新型电力系统，"双高"特征凸显，系统的物理基础、功能形态深刻变化，沙戈荒风光基地大都分布在远离主网的无人区或少人区，本地支撑较为薄弱；受端负荷中心多直流馈入替代同步发电机，常规电源装机不足，"空心化"问题突出，系统调频和动态无功支撑能力减弱，给电网安全稳定运行带来挑战。新能源场站需要具备主动支撑能力，应用构网型技术，具备接近或高于同步电源的控制特性，支撑系统惯量、电压、频率稳定以及提供备用容量、黑启动能力。新能源构网型技术应用见图 3-2。

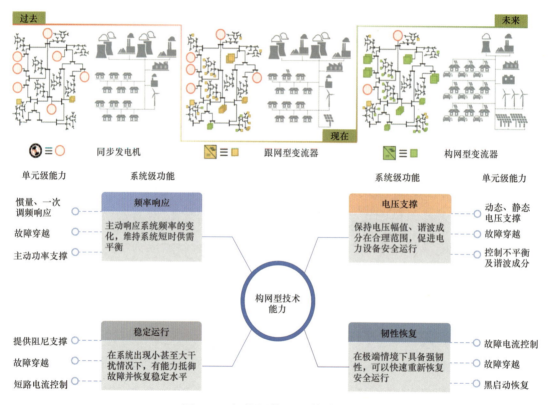

图 3-2　新能源构网型技术应用

技术成熟度方面，新能源主动支撑技术开始示范化应用，但仍面临系统规模化应用的技术挑战。新能源发电单体容量小、数量多，主动支撑型新能源发电对系统稳定的支撑作用需要通过单机单场站试验、实证实验与仿真分析相结合、局部到系统逐级示范的方式，需系统-场站-机组层面协同攻关，实现支撑性能滚动优化和效果验证。构网型并网控制在过去三十年间随着 UPS、微电网、虚拟同步机等技术需求提出而不断发展，已在少/无同步电源地区新能源开发利用，有望进一步实现新能源参与大电网主动支撑和电网构建。主动支撑型新能源发电应用效果验证见图 3-3。

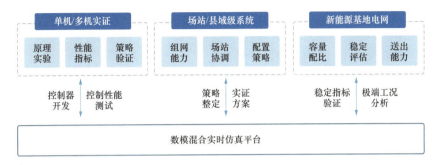

图 3-3　主动支撑型新能源发电应用效果验证

随着新型电力系统建设推进，并网场景不断变化，跟网型/构网型并网控制新能源发电的比例、关系将动态发展，始终根据新型电力系统实际需求不断调整优化。推进构网型技术应用，应加快开展构网型 SVG、静止同步调相机，以及构网型储能、构网型柔直等多类型技术装备的攻关，加速推动构网型装备技术路径和产品定型，形成一定规模的设计生产制造试验能力。同时，加快研制构网型装备技术标准，明确构网型装备在构建惯量、电压支撑、短路电流支撑、电能质量优化和并离网切换方面的关键涉网性能和设计指标，满足稳态特性、暂态特性、电网强度适应性要求。此外，积极开展构网型技术试点示范和推广应用，选取弱电网下新能源场站比例较大、同步机比例短时不足、直流送出近区机端暂态过电压等典型场景，开展示范工程建设。

2024 年 7 月，西藏新能源电力系统拉果措"零碳提锂"源网荷储一体化示范项目投运。该项目提出基于构网型储能的源网荷储一体化"孤网绿电"解决方案，在一期一阶段采用 115MW 光伏+65MW/130MW·h 储能，能够支撑100%新能源电力系统安全稳定运行的可靠性。在系统冷态下，通过一键顺控实现 52 台构网型变流器并行黑启动。

2024 年 6 月，青海格尔木鲁能 50MW/100MW·h 构网型储能电站投运。该项目采用智能光储发电机解决方案，具备 3 倍的无功电流，5ms 惯量启动时间，

0.1～100Hz 宽范围振荡抑制等特性，通过重构"电压、频率、功角"稳定，让新能源具备传统发电机动态特性，可提升 40%新能源接入比例。

（本节撰写人：王旭斌　审核人：韩新阳）

3.2.3　柔性交直流输电技术

柔性交直流技术能够有效支撑大规模新能源经济高效外送，其主要发展方向包括高压大容量柔性直流输电技术、多端直流技术、全直流汇集送出技术以及柔性低频交流输电技术等。

（1）高压大容量柔性直流输电技术。

大型风电场群、电网互联等应用场合对柔性直流输电输送容量提出更高要求。面向沙戈荒新能源送出场景，目前规划论证的特高压柔性直流输电工程的输电电压和输电容量以±800kV/5GW、±800kV/8GW、±800kV/10GW 为主。已建成的特高压工程外送容量远不能满足清洁能源送出需要，为了匹配新能源高比例接入需求，特高压建设将有序推进。

（2）多端直流及直流电网技术。

柔性直流输电技术发展将会继续集中在大规模新能源汇集并网，中低压配电网跨电压等级柔性互联，区域电网柔性互联，远距离大容量输电，海岛及偏远地区有源、无源网络供电等场景。这些应用场景在很多情况下需要实现多电源输入和多落点的供电，需要采用多端柔性直流输电、混合多端柔性直流输电技术发展，发挥灵活柔性组网、坚强电网支撑和灵活调节优势，提升资源优化配置和互济共享能力。

（3）全直流汇集输电技术。

当前，新能源大基地组网外送面临的平价上网、可靠送出、高效变换等多重挑战等难题，以深远海风电应用场景为例，风场通过交流汇集经柔性直流输电登陆馈入大型负荷中心，存在海上平台成本高、交流汇集海缆成本高、损耗大以及无功效应明显，受端电网承载能力弱等问题，难以支撑国家亿千瓦级海上风电资源开发。新能源通过 AC/DC 柔性直流并网均采用交流汇集技术，无法避免交流汇集带来的无功过压、宽频振荡等问题，因此基于直流汇集、直流传输的全直流并网技术（DC/DC 直流变换）应运而生，是柔性直流领域另一技术。直流汇集不存在容性充电效应，海缆损耗低，汇集容量更大；避免了同步稳定和频率稳定问题，提升汇集系统乃至主网安全。同时，因海上平台省去工频变压器，重量可降低超 30%，直流汇集海缆能节省 20% 以上，全直流技术是未来规模化深远海风电高效经济送出方式，是柔性直流输电领域未来一大发展趋势。

（4）柔性低频交流输电技术。

常规柔性交流输电技术成熟，但面对新型电力系统建设带来的大规模新能源汇集送出场景，应用有限，目前基于电压源型换流器的柔性低频交流输电技术逐步探索应用，是柔性交流领域另一新型输电技术，借助于电力电子技术灵活变换频率，能让新能源发电设备直接输出低频电能，在 0 ~ 50Hz 内选择合适的频率，实现广域组网与电力远距离送出，提高输送容量，提高系统的柔性控制能力，可应用在新能源送出领域，是一种高效、新型的交流输电技术。

（5）新型柔性交直流输电技术综合分析。

与柔性直流并网的海上风电交流汇集技术相比，全直流汇集送出输电技术从风场侧直流风机就采用直流海缆汇集，汇集后接入直流升压站经直流变压器升压后通过高压直流海缆送出，可以避免交流汇集带来的无功过压、宽频振荡等问题，在汇集范围、运行效率以及投资成本等技术和经济方面具备优势。海上风电全直流汇集送出输电技术示意图见图 3-4。

基于电压源型换流器的柔性低频交流输电技术是柔性交流领域另一新型输电技术。交流风机换流器将海上风电场发出的电能直接逆变为 50/3Hz 的交流电，经海上低频升压站升压后通过低频海缆输送到陆上变频站变频至 50Hz 后汇入电力系统。低频输电的输电频率仅为传统交流的 1/3，电缆充电电流也降为传统交流的 1/3，再加上集肤效应使电缆电阻减小，其热极限也相应增大，低频输电的热极限和最大输送容量约为传统交流的 1.7 倍；低频输电技术兼具交、直流输电的技术优势，是值得深入研究的新型输电技术。柔性低频交流输电技术示意图见图 3-5。

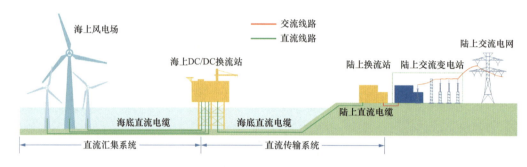

图 3-4　海上风电全直流汇集送出输电技术示意图

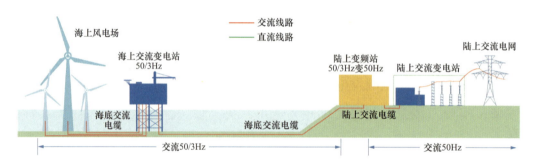

图 3-5　柔性低频交流输电技术示意图

技术成熟度方面，全直流汇集送出输电技术属于新型柔性直流输电技术，核心设备包括直流风机和直流变压器。直流风机方面，金风科技已在金风天翼达坂城试验风电场完成±30kV/5MW 柔性直流风电场示范工程建设和调试，30kV/2.5MW 直流风电机组样机并网成功。直流变压器方面，装备制造、阀基控保等关键技术可以沿用柔性直流输电系统模块化多电平换流器技术成熟方案。200kV 直流变压器阀塔样机见图 3-6。

柔性低频交流输电属于新型柔性直流输电技术，国网浙江电力分别于 2022年 6 月、2023 年 6 月在台州、杭州建成两个柔性低频输电工程，实现了柔性低频输电技术的首次工程应用。该工程在富春江东西两岸建设两座高压大容量低频换流站，使杭州富阳、萧山两大城市负荷中心互联，为杭州亚运会主场馆所在区域提供 30 万 kW 的灵活电能支撑，满足赛事期间尖峰用电需求。为实现柔性低频交流输电技术的广泛工程应用，还需深入优化系统构建、安全稳定控制、系统过电压分析与绝缘配合、高压大容量交交换流、低频设备研制与试验检测等关键技术的研究。

全桥功率模块

半桥功率模块

图 3-6　200kV 直流变压器阀塔样机

技术经济性方面，全直流汇集送出输电技术中海上直流升压平台无工频换流变和阀侧交流 GIS，且直流变压器采用两相结构，阀塔数量比柔直阀少 1/3，阀厅占地面积减少 20%；平台体积重量降低 30% 以上。相同截面积的直流海缆载流能力比交流海缆高，且直流汇集母线电压高，同等容量汇集海缆电流减小，相比柔直交流汇集海缆的成本降低 20% 以上。相比传统柔直方案，千兆瓦级全直流汇集方案总投资可节省 15% 以上，是实现大规模远海风电高效经济送出的优选方案。

柔性低频输电技术海上平台无需柔直换流阀设备，可以节约该部分的成本，但仍需要利用电力电子换流阀实现工频和低频电能的转换，其中换流阀投资较大，以采用模块化结构的 M3C 换流阀为例，由于采用 9 桥臂结构，相比 6 桥臂结构的柔性直流换流阀，在同电压等级和容量情况下，低频换流阀投资更高。

同时，由于频率的降低，低频变压器与工频变压器相比，在同等电压等级及容量条件下重量、体积和成本都会增大，损耗略有增加。以 220kV 电压等级为例，低频变压器重量和成本约为工频变压器的 1.61 倍，体积约为 1.59 倍，损耗约高 7%，这部分也是未来柔性低频输电技术仍需攻克的关键技术。

应用场景方面，全直流汇集送出输电技术从新能源出口到站内汇集、站间组网和远距离传输各环节均采用直流汇集送出方式，可应用在海上风电和陆上风光大基地送出。

在海上风电应用领域，相比于已有的远海风电并网技术，基于全直流变换的海上风电并网技术具有如下技术优势：①采用直流汇集方式，不存在交流海缆的容性充电功率引起的过电压、无功损耗等问题，整体汇集效率更高；②采用直流海缆汇集，系统损耗更低、整体效率更高，且汇集半径更大；③可以改善海上风机与换流站的稳定性与可靠性，降低并网系统失稳停运，以及交流主网断面的失电概率，提升了并网系统乃至陆上交流主网的安全稳定性。具有如下经济性优势：①采用直流海缆汇集和传输，能量密度较大，海缆成本更低；②全直流升压站省去了工频变压器，可大幅降低海上直流升压平台占地与体积重量大小，减少了平台的投资成本。

在陆上风电大基地送出应用领域，直流汇集范围广，传输距离远，易于风电光伏大基地内汇集组网；无交流同步稳定及暂态过电压问题，无需加装调相机；易于构建跨区互联互补直流电网，适于沙戈荒等大型风光基地汇集外送场景。

在直流电网互联应用领域，随着直流电网的发展，不同电压等级直流母线之间的互联和电压匹配是高压大容量 DC/DC 最直接的应用需求。同时，得益于电力电子设备的高可控性，高压大容量 DC/DC 变换器可作为潮流控制器，优化直流电网功率分布，调节直流潮流。新能源直流汇集与外送系统方案见图 3-7。

柔性低频交流输电技术相较于传统交流输电方式具有输送能力更强、输送极限距离更远的优势，除应用于海上风电送出场景外，还可应用于海岛互联供

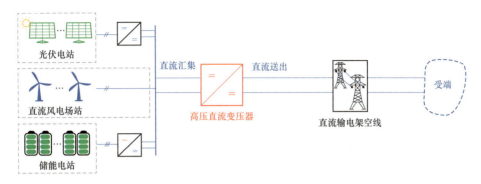

图 3-7　新能源直流汇集与外送系统方案

电和城市电网分区柔性互联等场景。在海岛互联供电场景中，系统频率降低可减少海缆线路充电功率和护套损耗，提升海缆线路有效载流量，还可以通过灵活控制低频侧电压解决线路两端电压越限问题，从而大幅提升现有电压等级线路的输电能力。在城市电网分区柔性互联应用场景中，一方面可实现分区电网的柔性互联，增加供电可靠性；另一方面，将局部电网改造为柔性低频电网，可降低电缆线路充电功率，抑制电网电压波动及无功倒送，提升电网供电能力。

总体而言，在大规模新能源汇集并网、区域电网柔性互联、远距离大容量输电、海岛及偏远地区供电等场景，积极推进柔性直流双向输电、多端（上网和下网）柔性直流输电、混合多端柔性直流输电技术发展及工程应用，发挥灵活柔性组网、坚强电网支撑和灵活调节优势，提升资源配置和安全稳定支撑能力。**新型柔性交直流技术为新能源远距离接入消纳提供有益技术方案**。以柔性低频交流和全直流输电技术为主的新型柔性交直流技术将突破我国海上风电发展的技术瓶颈，为未来百万千瓦级以上远海风电基地集中开发建设提供技术支撑，实现大规模风电与交流电网的友好交互，推动远海风电资源开发与能源供给革命。新型柔性交直流并网技术还可以推广应用至西北沙漠、戈壁、荒漠地区的规模化新能源并网工程的拓扑方案设计，有益于解决西北地区新能源发电的发展瓶颈。此外，还可以推广至近海风电并网、负荷直供、多电压等级直流系统互联等应用场景，为推动能源转型贡献力量。

2024 年 7 月，甘肃－浙江±800kV 特高压直流输电工程开工建设，预计 2026 年投运，系统电压等级达到±800kV，容量达 800 万 kW，是第四条落地浙江的"西电东送"工程，也是世界首条柔性直流特高压输电工程。可有效解决送端高比例新能源发电不稳定、电网稳定性差，受端高比例外受电系统动态响应复杂、控制难度大等问题，大幅提升大电网安全稳定水平和灵活性。

（本节撰写人：田鑫、李元贞、林志光　审核人：靳晓凌）

3.2.4　智慧配用电技术

当前，智慧配用电重点技术包括交直流混合配电网、柔性互联等新技术，探索采用配电网高可靠性接线方式。柔性直流技术为高压配网分区互联，中压配网闭环运行提供了崭新的解决方案，在风电、光伏、可控负荷等大量新型主体广泛接入配电网的趋势下，基于柔性直流技术的交直流混合配电网、柔性互联等新技术是促进配电网友好接纳，并实现这些具有直流特性的新型并网主体高可靠灵活组网的关键。

具体来看，根据所接纳的并网主体规模，智慧配用电技术主要包括含柔性直流装置的交直流混合配电网、含直流网的交直流混合配电网。其中，含有柔性直流装置的交直流混合配电网适用于直流电源负荷较小的情况，柔性互联装置是一种取代传统联络开关的智能电力电子设备，具备功率灵活调节、故障快速阻断等多种功能，在空间轴上提供"能量容器"，可实现配电网柔性闭环运行，已成为推动传统配电网向交直流柔性互联形态演进的重要装备；含直流网的交直流混合配电网适用于密度较高的直流特性设备接入，直流网连接光伏系统等直流电源，以及储能系统、电动汽车等直流负荷，直流系统电压等级单一，网架结构简单。

从接线方式来看，在含直流网的交直流混合配电网中，多数应用放辐射型和多分段适度联络型等类型进行电网线路结构的设计；含柔性直流装置的交直流混合配电网中，网络架构模式分为两端、三端等多端互联模式，具体根据端口的应用量区分，同时要结合实际应用情况，做出正确判断。

从技术经济性来看，在新建变电站配网侧组网方案中推广柔直技术不占经济优势，同时柔直装置兼具 SVG 功能，会改变传统交流电网拓扑结构和运行方式，势必对电网企业规划技术原则、调度运行方式和运维管理规定等造成较大的影响，在以直流负荷、变频类负荷为主的供电区域（大型直流充电站、充电堆场），或新能源接入比较密集的新建区域开展局部推广应用具有更高的经济性。

从应用场景来看，含柔性直流装置的交直流混合配电网主要适用于数据中心、电动汽车充换电设施并网；含直流网的交直流混合配电网主要适用于大功率风电机组、规模化分布式电源并网，需要多个柔性直流装置对分布式电源进行组网，并利用协同控制系统进行功率统筹和分配。

此外，基于源网荷储一体化调控的微网技术也是关键的配用电技术，是促进分布式能源综合利用的重要力量。统筹威海韩乐坊示范区内 92kW 光伏、215kW·h 分布式储能等资源，应用柔性互联技术构建互联互济低压网络，创新部署应用组群式运行控制策略，实现源网荷储高效协同，低压供电可靠率达到99.999%以上，清洁能源就地消纳比例达 100%。

（本节撰写人：张琛　审核人：王旭斌）

3.2.5　长时储能技术

储能作为消纳新能源、提升电力系统调节和支撑能力的重要技术，是实现电力系统安全稳定运行的重要保障。新能源装机占比、发电渗透率越高，所需储能容量越大、时长越长。当前新能源发电量占比约为10%，电力系统灵活调节需求仍以日内电力平衡为主，未来随着新能源发电量渗透率提升，连续多日低出力天气状况、季节性功率波动造成的跨日、跨周、跨月/季电量调节需求快速增长，亟需提升系统中长期调节能力。近年来，部分地区已经出现新能源出力连续多日低于 15%装机容量的情景，如西北、东北、华北地区风电低出力最长持续 120、92、58h 左右，华东、华中地区光伏低出力最长持续过 8 天以上。

长时储能一般指 4h（或 6h）以上的储能技术，可实现跨天、跨月乃至跨季节充放电循环，以满足电力系统的长期稳定运行需要，各国对于"长时"的定义尚未达成统一标准。美国桑迪亚国家实验室将长时储能定义为持续放电时间不低于 4h 的储能技术，美国能源部定义为不低于 10h，英国能源安全和净零排放部（DESNZ）定义为至少 6h，澳大利亚清洁能源委员会（CEC）定义主要集中在 4～8h 之间。目前长时储能技术可分为机械储能、电化学储能、储热以及储氢，具体包括抽水蓄能、压缩空气储能、锂离子电池、液流电池、钠离子电池、熔盐储热和氢储能。部分国家机构对长时储能定义见表 3-1。

表 3-1 部分国家机构对长时储能定义

国家	机构	长时储能定义
中国	部分企业及机构	放电时间持续 4h 及以上，日长时储能为 4～12h，周长时储能为 12～100h，季长时储能为 100h 以上
美国	能源部	放电时间持续 10h 及以上，其中，日长时储能指 10～36h，周长时储能指 36～100h，季节长时储能指超过 160h
美国	加州公用事业委员会	放电时间持续 8h 及以上
美国	桑迪亚国家实验室	放电时间持续 4h 以上
英国	能源安全和净零排放部（DESNZ）	放电时间持续 6h 以上
德国	联邦经济事务和能源部（BMWK）	最低要求为 1MW，且可持续 72h
澳大利亚	清洁能源委员会（CEC）	放电时间持续 4～8h

维持电力系统稳定运行所需最大储能时长与新能源发电量有关。当风光年发电量占比低于 70% 时，时长不大于 10h 的储能基本可以满足需求。但当风光年发电量占比达到 70%～90%，储能时长需达到 10h 至数百小时[13]。当风光年发电量占比趋近 100%，储能时长需要达到季节性甚至年际范围。储能时长与风

光年发电量占比的定量关系见图3-8。

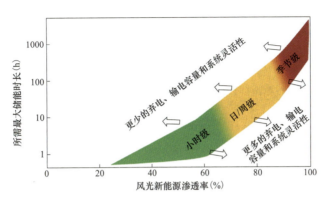

图3-8 储能时长与风光新能源渗透率的定量关系

技术成熟度方面，抽水蓄能是当前最成熟、装机最多的传统储能技术。目前，我国抽水蓄能技术总体向"高、宽、大、变"方向发展，即高水头（800m以上）、高海拔（4300m）；宽水头变幅、宽负荷；大容量（400MW）、大直径（叶轮直径6m）；可变速等方向发展。各类长时储能技术特征见表3-2。

表3-2　　　　　　　　各类长时储能技术特征

类别	机械储能		电化学储能		储热	氢储能
	抽水蓄能	压缩空气储能	液流电池	钠离子电池	熔盐储热	
循环寿命	50年	30~50年	20 000次	3500次	20~30年	10~100年 ≥3000次
储能时长	小时至天级 4~10h	小时至天级 1~20h	小时至天级 1~20h	小时级	小时至天级 1~24h	小时至季度
响应时间	分钟级	分钟级	百毫秒级	百毫秒级	—	秒级
转换效率	70%~85%	50%~65%	70%~80%	80%	70%	30%~50%
安全性	高	高	较高	高	高	低
成熟度	成熟	成熟	初步成熟	研发阶段	研发阶段	低

压缩空气储能技术目前总体上单机容量从100兆瓦级向300兆瓦级推进，还未实现规模化商业化运行。先进压缩空气储能的放电时长、响应速度、使用

寿命与抽水蓄能水平相当，容量规模可达百兆瓦级。放电时长可达 4～10h 或更长，响应时间在分钟级，适合参与中长时间尺度系统调峰和调频。其中，非补燃压缩空气储能是最为成熟、最具大容量长时发展潜质的储能技术。

液流电池技术目前处于研究试点阶段，主要集中在新型离子液成分和隔膜研究，以提升液流电池的经济性。在产业化发展方面，还需完善液流电池电堆密封技术和模块化设计，提升电堆整体性能和可靠性，强化电解液回收利用技术，从而进一步降低液流电池系统的成本。

钠离子电池作为一种相对先进的电化学储能技术，在成本、安全性、高温性能等方面较锂离子电池都具有更强的优势。目前，钠离子电池前沿技术研究主要集中在高性能、高安全性的材料体系开发。未来，钠离子电池还需集中攻克单体电池和电池系统等关键技术，包括正负极核心材料制备放大技术，电解液隔膜体系优选技术，电芯安全可靠性设计技术等，实现百兆瓦级大规模应用。

熔盐储热是大规模中高温储热的主流技术方向。储热技术可分为显热储热、相变储热和热化学储热。目前，显热储热技术成熟度最高、价格较低、应用较为广泛；相变储热是研究热点；而热化学储热尚未成熟。其中，熔融盐为常用的中高温显热储热介质，具备较宽的液体温度范围，储热温差大、储热密度高，适合大规模中高温储热项目。

氢储能方面，氢能被广泛认为是未来最有发展潜力的二次能源，来源广泛、储运便捷，可以大规模长周期存储。氢能产业链分为上游（制氢）、中游（储氢与输氢）和下游（用氢）。在上游，"可再生能源发电+水电解制氢"有望成为大规模制氢发展趋势；下游用氢及终端应用包括用氢基础设施与燃料电池，其中，质子交换膜燃料电池、熔融碳酸盐燃料电池和固体氧化物燃料电池是最主要的商业技术路线。

技术经济性方面，目前抽水蓄能和锂离子电池发展最为成熟、应用规模最大，压缩空气储能以及全钒液流电池技术处于初步商业化阶段，大多新型长时储能技术的成本仍然较高。目前抽水蓄能电站的投资成本为 5000～6000 元/（kW·h），度电成本为 0.21 ~ 0.25 元/（kW·h）；压缩空气储能系统造价为 5000 ~ 6000 元/（kW·h）[14]，度电成本可低至 0.2 元/（kW·h）。目前全钒液流电池和氢储能的成本仍然较高，储能时长 6h 规格的全钒液流电池系统成本约为 2500 元/（kW·h），约为锂离子电池的 3 倍，度电成本为 0.71 ~ 0.81 元/（kW·h）；氢储能系统的投资成本约 1.3 万元/（kW·h），度电成本 2060 年有望降至 0.4 元/（kW·h）。

对于储能安全性，当前出现故障的原因主要来自储能设计、制造工艺、集成组装与施工以及实际运行操作。其中，72% 的电池储能故障发生在施工、调试或运行的前两年内。锂离子电池故障大多发生于控制系统和非电池模块系统。2018－2023 年，经过储能行业在设计、制造等方面的不断改进优化，全球电网侧电池储能的故障率下降 97%。

应用场景方面，长时储能凭借长周期、大容量特性，在提升新能源发电消纳能力、增强电网灵活性等方面优势更明显，尤其是应对季节性气候或极端天气时，长时储能可以提供更长时间的电力安全保障储备，实现跨天、跨月甚至跨季节的充放电循环。

2024 年 4 月，由中国能建数科集团和国网湖北综能共同投资的 300 兆瓦级压缩空气储能电站首次并网成功。该储能项目位于湖北省应城市，利用云应地区废弃盐矿洞穴为储气库，打造了一个单机功率达 300 兆瓦级，储能容量达 1500MW·h 的超级"充电宝"。该储能系统转换效率约为 70%，每天蓄能 8h、释能 5h，年均发电约 5 亿 kW·h，可有效应对新能源发电的间歇性、波动性和随机性，为湖北省电网安全稳定运行和省内新能源消纳发挥重要作用。

总的来说，2035 年之后，随着新能源渗透率的持续上升，新型电力系统对放电时间超过 4h 的长时储能需求将明显增加。在储能技术方面，锂离子电池将更加追求大容量、长寿命、低成本和高安全性，由液态电解液向固态电池的方向发展。压缩空气储能的规模和能量转换效率都将进一步提升，规模可达到吉瓦级，并需充分利用天然盐穴资源和人工洞室技术以降低储气室的投资成本。

（本节撰写人：吴丹曼　审核人：谢光龙、王旭斌）

3.3 颠覆性技术创新突破

颠覆性技术发展需要较长时间，同时存在众多候选，不同技术路线将导向不同的电力系统形态，未来发展路径存在较大的不确定性。当前，可控核聚变技术、超导传输等前沿技术是支撑新型电力系统建设的首选。

3.3.1 可控核聚变技术

可控核聚变技术具有资源丰富、固有安全性、环境友好等优点，是目前认识到的可以彻底解决人类社会能源问题与环境问题的终极途径之一。2023 年国务院国资委启动实施未来产业启航行动，明确可控核聚变领域为未来能源的唯一方向。"聚变"的实现需要高温度、一定的密度和一定的能量约束时间等三个条件同时满足，聚变的"可控"理论上通过可磁约束、激光约束和箍缩实现，目前世界上主流路线为磁约束装置托卡马克。

从国际最新进展来看，世界各国核聚变技术实现快速突破。 2023 年 11 月，美国 NIF 装置创造能量净输出纪录，日本 JT-60SA 也成功实现点火。2018 年以来，MIT 及其衍生公司 CFS 公司募资约 30 亿美元，采用 REBCO 进行高温超导紧凑型聚变装置 SPARC 研究，投资人包括比尔·盖茨、谷歌等。2021 年其研制的单个 10t 纵场磁体模型线圈磁场强度达到了 20T，即建造核聚变发电厂所需的磁场强度；2024 年 3 月 CFS 发表报告进一步证明其 2021 年的实验设计方案可行。后续 SPARC 装置 18 个 20t 体量的纵场磁体联合运行，还需要考虑等离子体破裂、垂直位移等极端工况。

我国核聚变关键技术已达到全球领先水平。 我国核聚变能研究开始于 20 世纪 60 年代初，从 20 世纪 70 年代开始，我国选择了托卡马克为主要研究路线。1993 年，中国科学院等离子体物理研究所建成了第一台超导托卡马克装置 HT-7。2002 年，核工业西南物理研究院建成了具有偏滤器位形的中国环流器二号 A 装置（HL-2A），2006 年，世界上第一台全超导托卡马克装置东方超环（EAST）首次成功放电。2023 年 12 月 29 日，由中核集团牵头，25 家央企、科研院所和高校组成了可控核聚变创新联合体，正式揭牌中国聚变能源有限公司，核聚变研究和建设正在加速推进。

我国聚变工程试验堆（CFETR）项目的启动，标志着我国在实现核聚变能源商业化道路上迈出了坚实的一步。与国际热核聚变实验堆（ITER）等国际合作项目相比，CFETR 更侧重于工程技术经验的积累和应用，目标是为 DEMO 示范堆和未来商业堆的建造提供直接的技术和经验支持。我国的东方超环（EAST）和国际热核聚变实验堆（ITER）是当前磁约束核聚变领域的两个重要项目，它们都采用了托卡马克技术，致力于实现核聚变反应过程的长期稳定运行。EAST 作为一项先进的实验装置，已经在核聚变研究中取得了显著进展，而 ITER 则是一个国际合作项目，旨在证明大规模核聚变反应的可行性和商业化前景。

核聚变技术的发展是一个复杂而漫长的过程，需要国际合作和持续的科研投入。随着技术进步和研究深入，核聚变有望成为未来人类社会清洁、安全、可持续的能源之一，为解决能源危机和气候变化问题提供根本性的解决方案。

3.3.2 超导传输技术

超导技术具有高效、高容量和低损耗的特点，有望提高电力输送的效率和可靠性，是解决城市电网升级难题、实现高效率电力传输、赋能大容量电力应用的新型方案。超导技术主要包括高温超导和室温超导，高温超导技术成熟度相对较高，已在电力、轨道交通等领域应用；室温超导是近年来热点，将改变新型电力系统的电能传输格局，但短期内难以实现规模化应用。

高温超导技术已应用于电力系统及其相关领域。城市电网中使用高温超导电缆，能够降低输电碳排放、节约地下管廊空间、提升输电容量、改善安全可靠性。发达国家高度重视高温超导电缆技术研究与应用，实施了一系列研究计划项目。2019 年，美国联邦能源监管委员会批准了弹性电网（REG）项目，开始建设基于高温超导电缆的城市电网；2020 年，欧洲提出了 SuperLink 项目，着力攻关 12km 长度级别的高温超导电缆工程建设技术，随后提出了 SuperRail 项目，探索高温超导电缆在轨道交通中的应用；2020 年，韩国提出了超导平台供电概念。

我国高温超导电缆产业实现了关键材料和设备的国产化开发、产业链上下游协同发展，但仍面临需求牵引不足、配套技术发展滞后等挑战。城市用电需求激增、土地资源供应趋紧，合理规划土地资源、提升电网输送容量和供电效率成为亟待解决的问题。城市中心区域用电负荷不断增长，对供电稳定性和安全性的要求越来越高，末端枢纽变电站之间的输电电缆成为城市电力安全供应的"瓶颈"环节，亟需应用中低电压等级的大容量传输设备以增强供电能力。《工业和信息化部等七部门关于推动未来产业创新发展的实施意见》（2024 年）提出，加快高温超导材料的创新应用。未来，低频输电、高温超导直流输电等技术在规模化应用后，有望发展为输电输气一体化的"高温超导能源管道"。

室温超导技术每一次重大的突破都伴随着材料性质的显著变化，但目前仍处于研究探索阶段，距离实际应用仍有较大差距。最新研究成果由中国科学院洗芝溪团队发布，实验数据确认磷灰石体系的基本超导机制，其临界温度接近室温，临界磁场和电流虽小，但对于磷灰石体系而言，已经是一个巨大的进步。此次研究不仅为室温超导提供了更明确的证据，也为超导材料的应用提供了新的思路和可能性，标志着在超导材料领域取得了重大突破。

（本节撰写人：张琛　审核人：王旭斌）

3.4　电力产业链协同发展

构建新型电力系统是系统性重大工程，需要创新提供持续演进发展的动力。新型电力系统创新体系首先要在国家层面做好顶层设计，统筹整合创新资源，优化布局发展方向，健全创新链条，有效支撑和引领新型电力系统构建。鉴于新型电力系统复杂度高、系统性强的特点，需要突出持续开放式创新的理念，尤其是注重协同创新、集成创新，实现多主体的协作、技术更高层面的集成。

健全科技产业融合创新体系。构建以国家战略科技力量为引领、企业为主体、市场为导向、产学研用深度融合的电力科技产业融合创新体系；围绕新型电力系统基础性、颠覆性技术，加强科技创新联合体资源集成，集聚优势科研力量，形成协同创新网络；建立电力科技创新成果转化机制和孵化平台，推动电力科技产业转型升级。2024 年 9 月，由国务院国资委指导、东方电气集团主办的中央企业先进电力装备创新联合体建立，联合电力装备领域多家知名高校、科研院所、上下游企业，旨在系统突破一批制约行业高质量发展的关键核心技术，加快推动科技创新和产业创新深度融合，着力打造自主、可控、安全高效的电力装备产业链条。

推动新型电力系统"多链"深度融合。强化原创技术策源地作用，以构建新型电力系统为牵引，深入实施产业链融通发展共链行动，推进现代产业链链长建设，带动创新链、产业链、资金链、人才链深度融合，在装备制造、基础材料、关键零部件等领域加快形成战略兜底保障能力。加强新型电力系统与社会各行业的融通协同，创新拓展绿色数智产业链。

营造良好新型电力系统科技创新环境。形成多社会主体共建的新型电力系统学科体系，提供人才、知识储备。联合企业、高校、科研院所及行业上下游企业共建新型电力系统学科体系，涵盖战略、规划、运行治理体系建设以及财税金融体系、产业政策等。打造深度融合的"政产学研用"科技创新体系，加强新型电力系统基础理论研究，集中突破新型电力系统协调控制等关键技术体系以及高效碳捕捉和循环利用、超大规模储能等技术系列。

（本节撰写人：王旭斌　审核人：张钧）

4

治理机制保障

新型电力系统是一个市场化、法治化相互融合、相互促进的开放系统。要加快构建现代电力治理体系，在法治轨道上全面推进统筹规划、统筹平衡、统筹协调和安全监管，建设全国统一电力市场，建立科学合理的电价机制和经济政策。

4.1 电力政策体系

新型电力系统建设初期更多依赖政策推动，形成包括法律、行业发展战略规划、地方推进实施各个层面完善的政策体系，对于有序推进新型电力系统以及提升各主体建设活力具有重要作用。

4.1.1 国家层面统领类

当前新型电力系统建设已经过了依赖政策推动的初级阶段，经过一段时间的实践，相关法律法规正在逐步建立并完善，包括《能源法》《可再生能源法》等，为构建新型电力系统创造良好发展环境。

《能源法》明确各级各类能源规划的编制主体、编制依据、编制要求、主要内容与衔接关系，进一步发挥能源规划的引领、指导和规范作用。2024年1月，《能源法》经国务院常务会议讨论通过后提请全国人大常委会审议，4月24日，十四届全国人大常委会第九次会议进行分组审议，11月8日，十四届全国人大常委会第十二次会议表决通过，并将从2025年1月1日起施行。

在完善能源开发利用制度方面，《能源法》从六个方面作了规定。明确了能源结构调整方向，支持优先开发可再生能源，合理开发和清洁高效利用化石能源，有序推动非化石能源替代化石能源、低碳能源替代高碳能源。促进能源清洁高效和集约节约利用，提高终端能源消费清洁化、高效化、智能化水平，建立绿色能源消费促进机制，要求能源用户合理使用能源，政府有关部门加强能源需求侧管理。加强能源基础设施建设和保护，加强对跨省域能源基础设施建设的协调，要求能源输送管网设施运营企业提高运行安全水平，任何单位和个人不得从事危害能源基础设施安全的活动。

在加强能源市场体系建设方面，《能源法》对市场建设、公平开放、价格机制等方面进行了规定。国家推动能源领域自然垄断性业务与竞争性业务实行分开经营；协调推动全国统一的能源交易市场建设；要求能源输送管网设施向符合条件的主体公平、无歧视开放；鼓励能源领域上下游企业协同发展、产业链全链条协同推进；推动建立主要由市场因素决定的能源价格形成机制，完善能源价格调控制度；促进能源领域国际投资和贸易合作。

在加强能源储备体系建设方面，《能源法》对能源储备战略保障、宏观调控和应急体系等进行了规定。《能源法》规定，建立健全高效协同的能源储备体系，科学合理确定能源储备种类、规模和方式；实行政府储备和企业储备相结合，实物储备和产能储备、矿产地储备相统筹；政府储备承储运营机构应当建立健全内部管理制度，确保政府储备安全，能源企业应当落实社会储备责任；建立和完善能源预测预警体系，加强能源应急体系建设，制定能源应急预案，完善应急处置措施。

《可再生能源法》修订有效推进，进一步凝聚社会共识，稳定发展预期，推动可再生能源健康有序发展。《可再生能源法》已开展修法评估，纳入第十四届全国人大常委会立法规划。2023 年，全国人大常委会就可再生能源供给消纳体系建设情况开展了专题调研并指出，目前可再生能源发展形势、目标和任务发生较大变化，实现可再生能源大规模、高比例、市场化发展面临一些困难和问题。需要切实加强对可再生能源相关规划政策措施的统筹协调，采取有效措施促进可再生能源高水平消纳，持续提升电力系统调节能力和灵活性，建立健全适应可再生能源参与的电力市场规则，强化可再生能源发展科技支撑。

《可再生能源法》的修订研究将进一步聚焦在消纳责任、收购制度以及促进非电可再生能源发展。健全可再生能源电力消纳保障制度。强化可再生能源电力消纳责任体系，明确可再生能源占能源消费比重目标，并通过考核机制确保落实。完善可再生能源收购制度。建立电网企业、售电企业和电力用户等市场主体共同承担可再生能源优先收购的责任机制。做好与电力市场规则的衔接。支持非电领域可再生能源的应用和推广，建立非电可再生能源公平进入市场机制，引导全社会优先使用可再生能源。

新型电力系统建设不仅是电力系统形态的演进升级还是生产组织关系的调整。不断完善的法律制度，将为政府、企业、用户之间的责、权、利分配提供重要的依据，进一步为加快新型电力系统建设提供更加坚实的制度保证。

（本节撰写人：朱瑞　审核人：韩新阳）

4.1.2　行业发展战略规划类

近年来，国家各部委从进一步明确新型电力系统建设方向及任务、提升电网资源配置能力、完善新要素有序发展机制、强化系统调节能力建设、优化新能源消纳等方面，出台了一系列相关政策机制，为高质量推进新型电力系统建设提供了有力支持。国家部委电力发展相关政策梳理见表 4-1。

表 4-1　　　　　　　　　　国家部委电力发展相关政策梳理

时间	发布部门	文件	政策要点
2023 年 12 月 13 日	国家发展改革委、国家能源局、工业和信息化部、市场监管总局	关于加强新能源汽车与电网融合互动的实施意见	到 2025 年，我国车网互动技术标准体系初步建成，充电峰谷电价机制全面实施并持续优化，市场机制建设取得重要进展，加大力度开展车网互动试点示范，力争参与试点示范的城市 2025 年全年充电电量 60% 以上集中在低谷时段、私人充电桩充电电量 80% 以上集中在低谷时段，新能源汽车作为移动式电化学储能资源的潜力通过试点示范得到初步验证
2023 年 12 月 25 日	国家发展改革委、国家数据局、中央网信办、工信部、国家能源局	关于深入实施"东数西算"工程加快构建全国一体化算力网的实施意见	支持国家枢纽节点地区利用"源网荷储"等新型电力系统模式；探索分布式新能源参与绿电交易，提升数据中心集群电力供给便利度，充分利用数据中心闲时电力资源，降低用电损耗及算力成本。鼓励数据中心间开展碳汇互认结算探索，推动东西部国家枢纽节点间开展碳汇补偿试点。到 2025 年底，算力电力双向协同机制初步形成，国家枢纽节点新建数据中心绿电占比超过 80%

续表

时间	发布部门	文件	政策要点
2024 年 2 月 6 日	国家发展改革委、国家能源局	关于新形势下配电网高质量发展的指导意见	打造安全高效、清洁低碳、柔性灵活、智慧融合的新型配电系统。到 2025 年，配电网网架结构更加坚强清晰、供配电能力合理充裕、承载力和灵活性显著提升、数字化转型全面推进；到 2030 年，基本完成配电网柔性化、智能化、数字化转型，实现主配微网多级协同、海量资源聚合互动、多元用户即插即用，有效促进分布式智能电网与大电网融合发展。在电力保供、转型发展、全程管理、改革创新方面提出 4 项重点任务
2024 年 2 月 27 日	国家发展改革委、国家能源局	关于加强电网调峰储能和智能化调度能力建设的指导意见	到 2027 年，电力系统调节能力显著提升，抽水蓄能电站投运规模达到 8000 万 kW 以上，需求侧响应能力达到最大负荷的 5%以上，保障新型储能市场化发展的政策体系基本建成，适应新型电力系统的智能化调度体系逐步形成，支撑全国新能源发电量占比达到 20%以上、新能源利用率保持在合理水平，保障电力供需平衡和系统安全稳定运行
2024 年 4 月 2 日	国家能源局	关于促进新型储能并网和调度运用的通知	从管理措施和技术方面提出具体要求。管理措施方面，规范并网接入，要求电网企业及电力调度机构制定新型储能并网细则及并网工作指引等，明确并网流程、相关标准及涉网试验要求；技术要求方面，新型储能接入系统应符合电力系统安全稳定运行要求，完成相应性能试验及涉网试验，新型储能设备应满足国家、行业技术标准及管理规范有关要求
2024 年 5 月 16 日	国家能源局	电力网络安全事件应急预案	明确了电力网络安全事件分级、职责分工、监测预警、应急响应、后期处置、预防工作和保障措施等内容，强调了电力调度机构分级指挥的作用，要求电力调度机构将并网电厂涉网部分电力监控系统网络安全运行状态纳入监测，规定了事件报告要求进而有效预防、及时控制和最大限度消除电力网络安全事件带来的危害和影响
2024 年 6 月 4 日	国家能源局	关于做好新能源消纳工作 保障新能源高质量发展的通知	科学确定各地新能源利用率目标，省级能源主管部门要会同相关部门在科学开展新能源消纳分析的基础上确定新能源利用率目标，部分资源条件较好的地区可适当放宽新能源利用率目标，原则上不低于 90%，并根据消纳形势开展年度动态评估

时间	发布部门	文件	政策要点
2024 年 7 月 25 日	国家发展改革委、国家能源局、国家数据局	加快构建新型电力系统行动方案（2024－2027 年）	围绕"清洁低碳、安全充裕、经济高效、供需协同、灵活智能"二十字方针，立足当前发展阶段，聚焦近期新型电力系统建设亟待突破的关键领域，提出重点开展电力系统稳定保障行动、大规模高比例新能源外送攻坚行动、电动汽车充电设施网络拓展行动等9项专项行动，在一些关键环节力争取得新突破，加快推进新型电力系统建设，为实现碳达峰目标提供有力支撑
2024 年 7 月 26 日	国家能源局	关于加强煤电机组灵活性改造和深度调峰期间安全管理的通知	发电企业应根据机组的调峰幅度、调峰时长、调峰频次，采用计划检修和状态检修相结合的模式，统筹电力供应和设备检修需求，开展修复和维护。对调峰幅度深、频次高的机组，要加密检修周期、扩大检修范围、增加试验项目，每次等级检修宜加强汽轮机叶片、高温受热面、发电机绝缘情况等重点部位和重点项目的检查
2024 年 7 月 31 日	中共中央、国务院	关于加快经济社会发展全面绿色转型的意见	加快构建新型电力系统。加强清洁能源基地、调节性资源和输电通道在规模能力、空间布局、建设节奏等方面的衔接协同，鼓励在气源可落实、气价可承受地区布局天然气调峰电站，科学布局抽水蓄能、新型储能、光热发电，提升电力系统安全运行和综合调节能力。建设智能电网，加快微电网、虚拟电厂、源网荷储一体化项目建设。加强电力需求侧管理。深化电力体制改革，进一步健全适应新型电力系统的体制机制。到 2030 年，抽水蓄能装机容量超过 1.2 亿 kW
2024 年 8 月 21 日	国家发展改革委、国家能源局	能源重点领域大规模设备更新实施方案	坚持市场为主、统筹联动，坚持先立后破、稳步推进，坚持鼓励先进、淘汰落后，坚持标准引领、有序提升。到 2027 年，能源重点领域设备投资规模较 2023 年增长25%以上，重点推动实施煤电机组节能改造、供热改造和灵活性改造"三改联动"，输配电、风电、光伏、水电等领域实现设备更新和技术改造
2024 年 9 月 13 日	国家能源局	电力市场注册基本规则	服务新型经营主体快速发展与入市需求，充分考虑市场发展需要，以最简最优原则明确了发电企业、售电企业、电力用户、新型储能、虚拟电厂、智能微电网、分布式电源、电动汽车充电设施等 8 类经营主体进入电力市场基本条件，更好地服务各类新型经营主体入市，促进新质生产力发展

新型电力系统建设方向及任务进一步明确，对电网接纳、配置、调控能力提出更高要求。《加快构建新型电力系统行动方案（2024－2027年）》，立足近期需要解决的关键问题，围绕"清洁低碳、安全充裕、经济高效、供需协同、灵活智能"二十字方针，分别从不同角度提出重点开展电力系统稳定保障行动、大规模高比例新能源外送攻坚行动、电动汽车充电设施网络拓展行动等9项专项行动，以"小切口"解决"大问题"，提升电网对清洁能源的接纳、配置、调控能力。

加快推动配电网供电能力、抗灾能力、承载能力有效提升。推进城镇老旧小区、城中村配电设施升级改造，科学补强薄弱环节，并提高装备能效和智能化水平。差异化提高局部规划设计和灾害防控标准，提升电网综合防灾能力。针对性加强配电网建设，评估配电网承载能力，引导分布式新能源科学布局、有序开发、就近接入、就地消纳。面向大电网末端、新能源富集乡村、高比例新能源供电园区等，探索建设一批分布式智能电网项目。

持续完善新要素参与系统调度、电力市场的政策机制，推动规模有序发展。针对新能源汽车，建立健全新能源汽车与电网互动的技术标准体系、市场价格机制，力争为系统提供千万千瓦级的双向灵活性调节能力。针对新型储能，从管理和技术方面规范并网及调度管理，明确涉网性能要求。同时，从电力市场基本规则层面，明确虚拟电厂、分布式电源等并网调度、计量传输协议规则等。

加强多元化灵活调节资源建设，有效提升系统调节能力。着力提升支撑性电源调峰能力，统筹提升可再生能源调峰能力，大力提升电网优化配置可再生能源能力，挖掘需求侧资源调峰潜力。做好抽水蓄能电站规划建设，推进电源侧新型储能建设，优化电网新型储能发展规模和布局，发展用户侧新型储能，推动新型储能技术多元化协调发展。推进新型电力调度支持系统建设，提升大电网跨省跨区协调调度能力，健全新型配电网调度运行机制，探索多能源品种和源网荷储协同调度机制。推动实施煤电机组节能改造、供热改造和灵活性改造"三改联动"，输配电、风电、光伏、水电等领域实现设备更新和技术改造。

统筹网源协调发展、电网资源配置、新能源利用率目标优化，高质量推进新能源消纳工作。强调有序安排新能源项目建设，科学安排集中式新能源的开发布局、投产时序、消纳方向，加强新能源与配套电网建设的协同力度。切实提升新能源并网性能，要求发电企业探索应用新技术，提升新能源功率预测精度和主动支撑能力。电网企业要进一步提升跨省跨区输电通道输送新能源比例，加强省间互济，全面提升配电网可观可测、可调可控能力，公平调用各类调节资源，构建智慧化调度系统。科学确定各地新能源利用率目标，充分考虑新能源发展、系统承载力、系统经济性、用户承受能力等因素，统筹确定分地区的利用率目标。部分资源条件较好的地区可适当放宽，原则上不低于 90%，并根据消纳形势开展年度动态评估。

（本节撰写人：刘卓然、王旭斌　审核人：代贤忠）

4.1.3　地方推进实施类

电力市场方面，自 2023 年 9 月国家发展改革委、国家能源局出台《电力现货市场基本规则（试行）》以来，各省在完善市场交易机制相继出台文件，经过一年的建设，各省初步形成统一开放、竞争有序、安全高效、治理完善的多层次电力市场体系。地方电力发展相关政策梳理见表 4-2。

表 4-2　　　　　　　　　地方电力发展相关政策梳理

类别	时间	地区	文件	政策要点
现货市场机制	2024 年 4 月	浙江	浙江电力现货市场规则	现货市场运行期间，参与现货市场的市场化机组采用节点边际电价。电能量市场价格包括脱硫、超低排放电价等。调频辅助服务与现货电能量市场联合优化出清，相关费用根据"谁提供、谁获利，谁受益、谁承担"的原则按规定向经营主体分摊
	2024 年 4 月	陕西	陕西省电力现货市场交易实施细则（第三次结算试运行）	新能源场站按照"报量不报价"方式参与现货交易。新能源场站应根据自身机组、设备检修情况，申报运行日 96 点发电预测曲线。新能源场站全停期间，相应时段的发电预测曲线应按 0 申报

续表

类别	时间	地区	文件	政策要点
现货市场机制	2024年5月	山东	山东电力市场规则（试行）	将探索建立与电煤、中长期价格或代理购电价格等联动的价格联动类零售套餐，增强市场价格传导的灵活性
中长期交易机制	2024年2月	内蒙古	关于做好2024年内蒙古电力多边交易市场中长期交易有关事宜的通知	加快推动工商业用户全面参与市场，逐步缩小电网代理购电规模，除居民、农业用电之外，10kV及以上全部工商业用户原则上要直接参与市场交易，进一步细化电力用户市场交易单元
	2023年12月	江苏	关于印发江苏省电力中长期交易规则（2023版）的通知	能量块的最小单位为1MW·h。发电侧与购电侧按时段开展电力中长期交易。各市场主体根据自身对中长期合同曲线的要求自由确定各时段需交易电量，并由各个时段的交易结果形成各市场主体的中长期合同曲线
	2023年12月	新疆	新疆维吾尔自治区2024年电力中长期交易实施方案	将全天按单位小时划分为24个交易时段，中长期交易按照24个交易时段组织实施，尖峰、峰、平、谷、深谷时段划分按照自治区分时电价政策执行。中长期交易价格采用绝对价格形式，不得为负值
	2024年4月	浙江	浙江电力中长期电能量市场交易实施细则	价格上下限方面，双边协商、集中竞价、挂牌等按单一价格开展的交易，价格上下限根据燃煤基准价上下浮动20%设定。月内滚动撮合交易价格上下限参照现货市场出清价格上、下限设置
电力辅助服务市场机制	2024年3月	浙江	浙江电力调频辅助服务市场交易实施细则	采用"日前报价、时前出清"的模式组织调频市场交易。市场运营机构根据系统调频需求、机组调频报价信息及机组综合调频性能指标，按照调频组合排序价格由低到高进行调频市场出清，形成调频中标机组及中标容量，调频市场每小时出清1次，每次出清未来1h的调频结果
	2024年1月	河南	关于修订完善河南省电力调峰辅助服务规则部分条款的通知	调整火电机组（含供热机组）有偿调峰基准。火电机组有偿调峰基准调整为机组初始额定容量的45%，实际出力上限无法达到机组初始额定容量的，有偿调峰基准调整为机组实际出力上限的45%，机组有偿调峰基准以上部分视为基本调峰义务，由电力调度机构根据电力系统运行需要无偿调用

类别	时间	地区	文件	政策要点
电力辅助服务市场机制	2024年1月	湖北	湖北源网荷储电力调峰辅助服务市场运营规则	关于调峰服务费用分摊方式： （1）发电企业：统调范围内并网运行的火电、水电、风电、光伏发电、储能等企业。 （2）外来电，包括纳入国家计划分配的电量以及以"点对网"送电的电源等，具备条件时将跨省跨区市场化交易电量纳入。 （3）参与市场化交易的电力用户等
	2024年3月	四川	四川省电力辅助服务管理实施细则	售电公司参与批发和（或）零售市场电能量交易前，应当向交易中心提交履约保函或者履约保险等履约保障凭证。相应的履约保障凭证只可用于担保售电公司参与陕西电力市场批发市场中长期电能量交易、现货电能量交易和零售市场电能量交易的履约风险
煤电容量电价机制	2024年4月	山西	关于完善煤电机组容量电费分摊结算方式的通知	鼓励煤电机组参与跨省跨区交易时，在交易双方充分协商一致情况下，单独约定履约责任和对应的容量电费计算方式。按容量约定履约责任的，容量电价标准原则上不低于山西省容量电价标准且按对应电量折算标准不低于山西省外送度电分摊标准；按电量约定履约责任的，原则上对应电量容量电费度电标准不低于山西省外送度电分摊标准
	2024年1月	广西	广西壮族自治区发展和改革委员会关于做好煤电容量电价机制贯彻落实工作的通知	对纳入受电省份电力电量平衡的跨省跨区外送电的广西壮族自治区煤电机组，应明确外送煤电机组容量电费分摊方式或在外送报价中统筹考虑容量电费等内容，并在中长期交易合同、"西电东送"优先发电计划或参与跨省跨区电力市场交易合约中确定
	2024年1月	安徽	关于贯彻落实煤电容量电价机制有关事项的通知	电价水平按照回收煤电机组固定成本30%左右确定，2024－2025年省内合规在运公用煤电机组容量电价标准为100元/（年·kW）。应急备用煤电机组，按照回收日常维护成本的原则，容量电价标准暂定为260元/（年·kW）
	2024年3月	辽宁	关于建立煤电容量电价机制的通知	2025年后的容量电价按照国家发展改革委相关要求执行。正常在运情况下，煤电机组无法按照调度指令（跨省跨区送电按合同约定）提供申报最大出力的，月内发生2次扣减当月容量电费的10%，发生3次扣减50%，发生4次及以上扣减100%

续表

类别	时间	地区	文件	政策要点
需求响应机制	2024 年 7 月	贵州	贵州省电力需求响应实施方案（试行）	现阶段，暂由售电公司注册为负荷聚集商，聚合其零售用户的响应资源。市场化交易用户提出参与市场化需求响应时，售电公司原则上应受理。非市场化交易用户暂不参与需求响应
	2024 年 4 月	云南	2024 年云南省电力需求响应方案的通知	按照需求响应优先、有序用电保底的要求，坚持安全可靠、公平公正、开放透明原则，遵循"谁提供、谁获利，谁受益、谁承担"原则，运用市场机制和经济杠杆，积极引导各类可中断负荷用户提升负荷管理能力，主动参与需求响应，削减高峰负荷，增加低谷负荷，提高用电精细化水平
	2024 年 4 月	河北	关于进一步做好河北南部电网电力需求响应市场运营工作的通知	资金来源及补偿标准，需求响应补贴费按照运营规则中以支定收的方式分摊。日前和日内响应采用电量补偿方式。实时响应采用容量+电量补偿方式
	2024 年 3 月	广西	广西壮族自治区电力负荷管理实施细则	根据"谁提供、谁获利，谁受益、谁承担"的原则，进一步完善市场损益分摊机制，所有需求响应资金取之于市场、用之于市场；具备条件时，视情况通过实施尖峰电价、拉大现货市场限价区间等手段进一步提高经济激励水平
分布式新能源发展	2024 年 8 月	江苏	关于高质量做好全省分布式光伏接网消纳的通知	优先就近就低接入电网。鼓励分布式光伏投资企业开展分布式光伏"整村连片"规模化开发，支持分布式光伏项目靠近电力负荷建设，在用电负荷密集且电网网架较强的地区，采用低压就地接入方式
	2023 年 12 月	山东	关于推进分布式光伏高质量发展的通知	分布式光伏参与电力市场，承担调峰、不平衡费用。探索分布式光伏分时上网电价机制，推动分布式光伏上网电量参与市场；分布式光伏与其他经营主体共同按市场规则公平承担相应的不平衡费用。分布式光伏发电项目应配合电网企业保障电网安全、响应调度要求，在春节等调峰困难时期，参与电力系统调峰
	2023 年 10 月	河南	关于促进分布式光伏发电健康可持续发展的通知	对户用光伏备案主体进行了规范。按照"谁投资、谁受益、谁备案"原则，规范项目备案主体。对于个人利用自有住宅、自购设备建设的户用光伏项目，提供相应材料，以个人名义由电网企业代为备案；对于通过租赁他人屋顶或出租光伏发电设施等方式，以营利为目的的户用光伏项目，以企业名义备案

　　一是对于现货市场，各省通过选定适宜市场模式、设置合理市场价格限值、报量不报价、制定分时电价传导机制等做法，实现了市场环境下电力安全保供。浙江省建立"月度二级限价"机制，当现货市场月度均价超出预设触发值时，同比例缩小全月的日前市场和实时市场结算价格，可有效实现"现货市场降价时充分向用户传导，价格飙升时稳定市场价格水平"。陕西省提出具备技术准入条件的新能源场站以"报量不报价"的方式参与电力现货市场，主要原因是第二次试运行期间午间新能源大发时段频繁出现低价火电多发压降新能源发电空间、导致高报价新能源弃电的情况。山东省创新实施现货市场分时电价全链条传导机制，以现货市场分时价格信号为指导，优化工商业分时电价与分时零售套餐约束机制。

　　二是对于中长期交易，各省通过优化交易时序、分时段能量块交易、带电力曲线交易等方式，进一步探索交易时段划分。内蒙古自治区将新能源发电交易调整至燃煤发电交易之前，弱化了新能源出力波动大、发电曲线不稳定等因素对其与电力用户达成交易的影响。江苏省提出分时段能量块交易，即所有中长期交易合同由带时标的能量块组合而成，全天按照24个时段划分，每小时为一个时段，以每个时段的电量为交易标的，实现交易标的进一步细化。福建省提出独立新型储能电站可参与市场交易，10kV及以上工商业用户原则上全部直接参与市场交易。浙江省将中长期电力零售交易从原本的三分时模式，即将一天电价分为尖峰、高峰、低谷三个时段，每个时段执行不同电价，调整为单一价模式。

　　三是对于辅助服务市场，各省通过创新辅助服务市场交易模式，为电力现货市场提供更加稳定、高效的运行环境。浙江省采用"日前报价、时前出清"的模式组织调频市场交易，按照调频组合排序，价格由低到高进行调频市场出清。河南省调整火电机组有偿调峰基准，火电机组实际出力上限无法达到机组初始额定容量的，有偿调峰基准调整为机组实际出力上限的45%。湖北省提出容量4MW及以上，持续时间1h及以上并签订并网调度协议的独立新型储能可提供调峰服务。**四川省**提出为特定电力用户服务的辅助服务，补偿费用由相关电力用户分摊。

四是对于煤电容量电价机制，各省针对煤电实行两部制电价政策的要求，结合各地具体情况，就容量电价水平、电费分摊、电费考核等提出具体措施，以统一规范考核机制。山西省鼓励煤电机组参与跨省跨区交易时，按容量约定履约责任的，容量电价标准原则上不低于容量电价标准且按对应电量折算标准不低于外送度电分摊标准；按电量约定履约责任的，原则上对应电量容量电费度电标准不低于外送度电分摊标准。**广西壮族自治区**提出对纳入受电省份电力电量平衡的跨省跨区外送电的煤电机组，应明确外送煤电机组容量电费分摊方式或在外送报价中统筹考虑容量电费等内容。**安徽省**提出容量电价水平按照回收煤电机组固定成本 30% 左右确定，应急备用煤电机组按照回收日常维护成本的原则，容量电价标准暂定为 260 元/（年·kW）。**辽宁省**提出在运情况下，煤电机组无法按照调度指令提供申报最大出力的，月内发生 2 次扣减当月容量电费的 10%，发生 3 次扣减 50%，发生 4 次及以上扣减 100%。

需求响应方面，各省构建以市场化为主导的电力需求响应模式，推动用户侧参与电力市场交易，有效引导用户主动调节生产方式。云南省需求响应交易品种分为邀约型削峰、实时型（可中断）削峰、邀约型填谷、实时型填谷四类。需求响应原则上每天不多于 3 次，每次不超过 3h。直接参与响应的电力用户申报容量应不小于 10kW，负荷聚合商响应申报容量应不小于 1MW。**河北省**需求响应补贴费用按照运营规则中"以支定收"的方式分摊，日前和日内响应采用电量补偿方式，实时响应采用容量+电量补偿方式。在需求响应执行月，给予实时需求响应主体容量补偿，标准按照 8 元/（kW·月）。**广西壮族自治区**提出负荷聚合商、虚拟电厂视同电力用户应全部接入新型电力负荷管理系统，确保负荷资源的统一管理、统一调控、统一服务，电网企业为第三方经营主体提供数据支撑和技术服务，虚拟电厂以聚合平台的方式接入新型电力负荷管理系统。

分布式新能源发展方面，各省通过"整村连片"规模化开发、分布式光伏承担调峰费用、规范备案主体等措施，有效规范市场秩序，合理疏导系统成本，促进分布式光伏健康可持续发展。**江苏省**提出分布式光伏优先就近就地接入电网。鼓励分布式光伏投资企业开展分布式光伏"整村连片"规模化开发，支持分布式光伏项目靠近电力负荷建设，在用电负荷密集且电网网架较强的地区，采用低压就地接入方式，实现电力就地消纳。**山东省**探索分布式光伏承担调峰、不平衡费用。探索分布式光伏分时上网电价机制，推动分布式光伏上网电量参与市场；分布式光伏与其他经营主体共同按市场规则公平承担相应的不平衡费用。分布式光伏发电项目应配合电网企业保障电网安全、响应调度要求，在春节等调峰困难时期，参与电力系统调峰。**河南省**对户用光伏备案主体进行了规范。按照"谁投资、谁受益、谁备案"原则，规范项目备案主体。对于个人利用自有住宅、自购设备建设的户用光伏项目，提供相应材料，以个人名义由电网企业代为备案；对于通过租赁他人屋顶或出租光伏发电设施等方式，以营利为目的的户用光伏项目，以企业名义备案。

（本节撰写人：熊宇威　审核人：王旭斌）

4.2　协同规划机制

新型电力系统各要素结构特征发生变化，涉及环节、主体更为丰富多元，需要坚持系统观念，充分发挥规划统筹和引领作用，既保障电力系统全环节协同联动，又促进能源系统多能源耦合互补。

4.2.1　新能源与调节资源的协同规划

（一）面临挑战分析

新能源规划布局需要进一步优化。国家《"十四五"可再生能源发展规划》虽然提出了全国总体目标和重大基地布局，但没有分省规划规模和利用率目标。

各地方政府发展新能源诉求强烈，规划规模保持较高水平。同时，不同风光配比对新能源总出力特性，以及系统调节资源需求将产生较大影响。以 2023 年西北电网为例，随着风电比例的降低，净负荷峰谷差呈现"先降低后增加"的特点。当前，西北区域风电、光伏装机配比从 2018 年的 1.21 下降为 2023 年的 0.68[15]，2023 年负荷年、日最大峰谷差超过 3900 万、1700 万 kW。

因市场机制、并网管理、设备质量等问题，新型储能利用率仍不高且调用意愿不足。 目前，新型储能主要通过计划、市场两种方式进行调用，其中，计划方式主要根据调度指令、计划曲线等参与调节，因补偿机制尚不完善，存在"多用多亏"情况；市场方式根据市场竞价结果参与调节，但目前仍有不少省份新型储能不能参与现货市场、调峰及辅助服务市场，且部分地区峰谷价差不足，新型储能较难实现盈利，导致参与调节意愿不足，作用尚未充分发挥。同时，新能源优化配置储能在配置要求、发展模式、应用效果等方面仍在探索完善。2023 年，全国电化学储能电站非计划停运 1030 次，单次平均停运时长 29h，电站关键设备、系统以及集成安装质量问题是非计划停运主要原因，占比达到 80%以上。

（二）政策机制需求

一是坚持"全网统筹、保量稳率"推动新能源高质量发展。 按照"全局统筹、量率一体、保量稳率"原则，科学确定新能源发展规模、布局、时序，差异化设置各省利用率指标。统筹安排各类新能源项目建设规模和节奏，确保国家和地方规划上下衔接，各专项规划相互协调。科学规划以风、光为主的新能源发展规模和结构，优先在电力负荷大、接网条件好的中东部地区布局新能源，优先在土地和太阳能资源丰富的"三北"地区规模化发展光热电站。同时，结合不同区域范围资源禀赋，科学规划风光装机配比，最大限度平抑新能源波动，整体降低系统调节资源需求。

二是进一步完善新型储能市场价格机制，加强并网安全管理。 健全新型储能参与电力市场的准入条件、交易机制等实施细则，为储能参与各类电力市场获取合理收益创造条件。基于新能源配置储能本体和运行特性，以满足电力系统各类调节需求为导向，建立科学的新能源配置储能利用评价指标。完善电网侧替代性储能纳入输配电价核价范围的实施细则，明确认定标准和认定程序。加快落实分时电价政策，建立尖峰电价机制，进一步拉大峰谷价差，促进用户侧储能发展。完善电化学储能电站安全管理相关规定，明确细化政府和储能生产者、集成商、项目业主、运行维护主体等产业链条中各方的安全责任，加强消防安全管理。

（本节撰写人：王旭斌　审核人：韩新阳）

4.2.2　新能源基地与电网的协同规划

（一）面临挑战分析

一是新能源快速发展对电网接纳调控能力提出更高要求。新能源的发展将大幅增加额外的输配电容量需求，对电力系统调峰、调频、备用提出了更高要求，且新能源机组涉网性能不足，给电网安全运行和新能源全额消纳带来巨大挑战。同时，部分送受端新能源同时率较高，如对于青海－河南 ±800kV 特高压直流工程送受端，截至 2024 年 2 月底，河南省光伏装机占比为 27.2%，当青海光伏大发时，将进一步增加消纳压力。

二是电源与电网工程的规划和建设时序不够衔接。电力规划中主要提出了新能源发展目标和阶段新增规模，没有落实到具体项目，导致相应的配套送出工程无法及时纳入电网规划。从建设周期上看，新能源电站建设周期约为一年，但配套煤电机组建设至少两年，配套电网工程建设一般需要 3～5 年，各类电源、电网工程建设周期和时序差异可能导致新能源发电送不出的问题。

（二）政策机制需求

综合来看，我国新能源产业链较为完整、技术国际领先，建设大规模新能源基地条件较为成熟，但也面临项目落地难、产业规划和配套建设不同步的问题，需要通过顶层设计进一步完善支撑保障机制。

一是进一步完善源网规划建设协调机制。坚持大型基地、支撑煤电、特高压通道"三位一体"，在合法合规基础上进一步优化电源、电网项目前期核准、审批手续，推动各类电源及配套电网工程及时投产发挥作用。统筹考虑送端资源条件、受端市场、输电走廊等因素，按照全国一盘棋，超前研究、储备论证新增特高压工程。

二是强化新能源基地与国家产业规划的有效协同。推动国民经济必需的高载能产业布局与能源基地统筹规划，加强以地区间产业转移协同推进新能源生产布局优化，促进"西电西用，产业西移"。区域协同发展战略下用电需求增长潜力向中西部和东北转移，这将带动发输配用整体规划布局调整。以新能源为代表的新型电力系统产业链在西部地区布局可以有效解决西部地区产业发展困境，同时促进西部新能源大规模就地消纳。

（本节撰写人：丁玉成、边海峰　审核人：谢光龙）

4.2.3　大电网与分布式系统的协同规划

（一）面临挑战分析

分布式系统整体规划需进一步完善。随着分布式电源进入规模化发展、爆发式增长阶段，政策导向有必要从"量"向"质"转变。推动分布式电源、分布式系统协调发展的政策支撑、顶层规划等机制尚不完善，分布式系统与大电网间缺少统一的技术标准和接口规范，与多层级电网发展衔接存在不足。

大电网与分布式系统的发展协调性有待提升。各地出现分布式光伏"急刹车"政策，因前期对分布式光伏的发展统筹协调不够，随着不断地汇聚进入大电网，对系统安全运行造成很大压力，影响到配电网的局部电压和电网频率的稳定性。截至 2024 年 6 月，全国范围超过 370 个县级地区出现低压承载能力红色区域，分布式光伏接入受限，其中河南省一半地区为红色，涉及超 70 个县级地区，山东省 37 个无消纳空间，广东省 37 个存在接网消纳困难。2023 年上半年，河南省新增分布式光伏 744.3 万 kW，与 2022 年全年持平，分布式光伏消纳压力不断增大，部分地市已反送至 500kV 电网，对电网安全稳定运行提出很大挑战。

（二）政策机制需求

加强分布式系统顶层设计，坚持规划引领，优化分区分省布局规划及优化接网流程。完善电网规划体系，适应可再生能源局域深度利用和广域输送，将分布式系统纳入电网发展全局中，积极支持、主动参与分布式系统建设，推动构建大电网为主导、分布式系统等多种形态相融并存的新型电网格局；结合新型城镇化、乡村全面振兴等发展需要，充分利用当地资源，进行融合创新，培育和建设以分布式系统为代表的能源生产和消费新业态，准确预估区域内分布式系统发展规模，明确开发建设时序；大电网要为分布式系统接入公共电网创造便利条件，简化接网程序，双方要明确资产、管理等方面的界面，以及调度控制、交互运行、调节资源使用等方面的权利与义务，提供一站式全流程免费服务，实现"应并尽并、愿并尽并"。

坚持就近布局、就近平衡发展分布式清洁能源、智能微电网，特别是优先发展具有"两自四化"特征的自治型分布式新能源系统。统筹兼顾分布式电源发展规模和电网承载能力，对分布式电源发展规模、布局、投产时序进行优化，优先发展具有"两自四化"（即自平衡、自安全、小微化、绿色化、数智化、共享化）特征的自治型分布式新能源系统，有序推动分布式能源和智能微电网建设，与广域大系统深度共融发展。在西藏、新疆和内蒙古西部边远地区，以及东中部具有资源优势的受端地区，鼓励发展分布式新能源系统。加强典型场景应用，在"高海边无"地区，充分利用当地丰富的新能源资源，建设智能微网满足当地用能需求；在乡镇地区，开展"光伏+储能+充电基础设施"协同控制、车网互动等技术应用；在重点城市，加强工业绿色微电网建设，实现多能源品种高效互补利用。

优化分布式系统管理与运营，促进与配电网的高效协同。建立分布式系统运营商与配电网运营商之间的协同运营机制，包括信息共享、运行协调和紧急响应，通过激励措施鼓励用户参与负荷调节，提高系统的整体效率，加强维护与服务水平，确保分布式系统与配电网的维护和服务协同进行，减少运营成本，提高服务质量，实现分布式系统与新能源富集农村地区、产业园区等区域配电网的高效协同。

（本节撰写人：丁玉成　审核人：谢光龙）

4.3　市场价格机制

进一步完善电力安全保供、新能源消纳市场价格机制，从更高水平统筹平衡好安全、经济、绿色多重目标。

4.3.1　系统成本变化趋势

（一）成本构成及发展趋势

电力系统成本主要包括**电源成本、输配电成本、网损和新型主体平衡成本**。**电源侧成本**以经营期法作为基本方法，考虑各类机组造价、运行维护成本、燃料成本、折旧年限、火电灵活性改造等因素，计算各类电源发电成本。各类电源上网电价等于各自成本除以上网电量，综合上网电价等于各类电源上网电价与对应上网电量加权平均值。**输配电成本**以"成本+收益"法作为基本测算方法，按核价参数、披露的"十四五"投资规模等作为测算依据。输配电价等于电网环节总成本除以销售电量。**网损及新型主体平衡成本**则考虑储能成本、需求侧响应成本、网损及储能损耗综合测算。网损及新型主体平衡折价等于对应成本除以销售电量。

（二）系统成本预测

电源侧成本方面，预计 2025 年前，我国电源侧度电成本将小幅增长，由 2023 年的 0.368 元/（kW·h）上涨为 0.401 元/（kW·h）。

火电成本方面，由于燃料成本变化，煤电度电成本先降后涨、气电小幅上涨。预计到 2025 年煤炭价格企稳，但随着煤炭需求上涨煤炭价格将有小幅上涨，导致煤电度电成本先降后涨，但总体低于 2022 年水平；气价稳中有升推高气电成本，但由于气电电量占比较小，对电源侧综合成本影响有限。

新能源发电方面，由于技术进步等原因，海上风电、陆上风电度电成本下降，但由于度电成本较高的海上风电装机比例提升，风电度电成本基本保持稳定；太阳能发电由于近年造价变化较小，度电成本基本稳定。陆上风电整装 EPC 造价由 2020 年约 7000 元/kW 下降至目前的约 5500 元/kW，海上风电由 2020 年 1.3 万元/kW 下降至目前 1 万元/kW，大幅降低了新增风电度电成本。但成本较高的海上风电装机占比大幅提高，弱化了风电综合度电成本降价幅度，但总体可以达到平价上网标准。光伏造价基本稳定，且光热发电装机较少，太阳能发电上网电价基本保持平稳。预计 2030 年，陆上风电度电成本平均为 0.19 元/（kW·h），光伏为 0.16 元/（kW·h）。

核电方面，度电成本稳中有降，新增三代核电机组核价参数较为严格，新增核电度电成本较低，可一定程度降低核电机组综合度电成本。**水电方面，**度电成本仍处在较低水平，但由于新增水电机组主要在西南地区，建设成本较高，一定程度推高水电综合成本。电源侧成本预测（全国口径）见表 4-3。

表 4-3　　　　　　　　电源侧成本预测（全国口径）

成本 [元/（kW·h）]	2023 年	2024 年	2025 年
煤电	0.383	0.412	0.441
气电	0.727	0.743	0.754
风电	0.310	0.311	0.311
太阳能发电	0.341	0.340	0.338
水电	0.262	0.265	0.268
核电	0.387	0.386	0.384
生物质发电	0.430	0.430	0.430
总电源成本	0.368	0.385	0.401

注　上网电价不包括抽水蓄能与新型储能，含税。

输配电成本方面。预计"十四五"期间将基本稳定在 **0.185 元/（kW·h）左右**。具体来看，输配电成本主要受投资及核价参数影响，包括满足用电量和负荷增长的投资、满足新能源大规模发展的投资、保障电网安全的网架加强投资以及由于存量设备退役产生的资产置换投资。为满足新型电力系统建设，电网投资需求将保持年均 6000 亿元规模；测算中使用的核价参数依据第三轮输配电核价进行确定。输配电成本预测（全国口径）见表 4-4。

表 4-4　　　　　　　　输配电成本预测（全国口径）

成本［元/（kW·h）］	2023 年	2024 年	2025 年
输配电成本	0.185	0.185	0.185

注　输配电成本含税，不含线损。

损耗与新型主体平衡成本。随着储能、需求侧响应等新兴市场主体规模增大，其成本规模快速上涨，但由于总体规模较小，对电价的影响有限。同时，因储能充放电量大幅上涨，导致充放电损耗提升，推高系统损耗成本。预计 2030 年，储能度电成本在 0.2 元/（kW·h）以内。损耗与新型主体平衡成本（全国口径）见表 4-5。

表 4-5　　　　　　损耗与新型主体平衡成本（全国口径）

成本［元/（kW·h）］	2023 年	2024 年	2025 年
损耗成本	0.0204	0.0210	0.022
较 2021 年新增抽水蓄能成本	0.0027	0.0034	0.0041
新增新型储能成本	0.0015	0.0019	0.0023
新增需求侧响应成本	0.0013	0.0020	0.0027
折合到终端用户度电成本	0.0259	0.0283	0.0311

注　均含税。

终端用电成本。预计 2024、2025 年终端用能成本分别为 0.598、0.617 元/（kW·h）。主要原因是煤炭价格企稳后降低终端成本，但随着煤炭价格上涨以及储能等新兴市场主体成本提升，推高终端用能成本。终端用电成本（全国口径）见表4-6。

表 4-6　　　　　　　　　　终端用电成本（全国口径）

成本［元/（kW·h）］	2023 年	2024 年	2025 年
上网电价	0.368	0.385	0.401
输配电价	0.185	0.185	0.185
损耗与新型主体平衡成本折价	0.026	0.028	0.031
终端电价	0.579	0.598	0.617

注　不含基金及附加。

（三）影响预测准确性的关键因素

一是燃料成本影响。2021年以来煤炭价格大幅波动，燃料成本占煤电成本的70%以上且煤电电量约占全社会发电量的60%，因此，近几年煤炭价格仍会是影响电力系统成本的主要因素。

二是新能源及储能造价影响。风电、太阳能发电、储能等电源造价仍有下降趋势，且新增装机规模较大，会较大程度影响电力系统成本。

三是装机结构影响。近年来新能源装机有较大幅度变化，2023年风电、光伏新增装机容量2.9亿kW，相比2022年1.3亿kW存在大幅增长，且各地新能源装机规划与国家规划仍有一定差异，会一定程度影响预测准确程度。

（本节撰写人：吴洲洋、孙启星、张超　审核人：王旭斌）

4.3.2　安全保供市场价格机制

结合新型电力系统电力供应、安全运行需求，统筹市场建设和电力保供关系，需要进一步完善支撑煤电功能定位调整的容量充裕度保障机制、支撑灵活调节资源的辅助服务市场、跨省跨区应急交易机制等。

（一）面临挑战分析

电源容量支撑的市场机制有待进一步完善，需充分调动各主体积极性。煤电机组灵活性改造支持不足，新能源调峰主要依靠配套储能和存量煤电灵活性改造，但目前对于煤电调节服务的经济补偿机制仍不完善，导致煤电企业和地方继续投资灵活性改造的意愿不强，在存量机组灵活性改造等方面缺乏政策支持。

送受端市场协调机制存在不适应性。现货价格高于中长期意向价格，省间现货推高了各送电省送电价格预期，送出省的部分发电企业为获得超额利润，更愿选择进入现货市场，在中长期市场上"惜售"，导致中长期交易成交难度大幅增加，交易落实困难。煤电价格市场化政策出台后，送受端均倾向于以省内市场成交价作为省间市场参考报价，由于送受端价格水平差异大、价格季节性浮动变化不同步，"低价不送、高价不买"成为阻碍交易达成的重要因素。

需求响应市场机制对可调节负荷激励作用有待加强。当前负荷资源主要通过激励型需求响应参与市场，在参与主体、应用场景、补偿方式等方面取得一些积极探索，但负荷资源常态化参与市场还存在一些障碍，主要体现在市场交易品种尚不完备、资金分摊机制未完全理顺等，难以充分调动用户的参与意愿，亟须结合电力市场改革进程，推进负荷管理市场化建设。

（二）政策机制需求

一是优化煤电发展保障机制，提高发电企业参与系统支撑调节积极性。在煤电容量电价机制基础上，逐步形成更加市场化的容量电价形成方式，夯实常规电源兜底、灵活资源支撑保障基础。对于承担保供的煤电机组，研究制定差异化能耗考核、容量电价等制度。评估退役火电机组性能和状态，符合条件的"退而不拆"转"冷备用"。推动煤电机组通过多种途径回收成本，让煤电机组由电量电价收益向"电量电价+容量电价+调节电价"模式转变。

二是健全送受端电网协同保障机制，加强网源协调性。促进中长期协议及时签约、履约，完善中长期与现货市场衔接力度。考虑跨区直流通道以"点对网"模式居多，通过加强区域资源优化配置力度，规避落点省网抢占资源、省间壁垒阻碍省间交互的情况。通过"联营不联运"，保留对联营体内部主体的最终调管权，紧急情况下确保电力调度机构管控至火电机组、新能源场站。

三是完善负荷管理政策机制，提升需求响应的主动性、可靠性。深化完善分时电价、阶梯电价等政策，推动建立关键峰荷电价、实时电价等机制；持续完善电力市场机制，提炼市场化运作先行先试经验，加快推动负荷资源参与电力市场，制定完善实施细则，明确各方职责界面，推动负荷管理工作逐步向市场引导、用户主动响应转变。

（本节撰写人：王旭斌　审核人：谢光龙）

4.3.3　新能源消纳市场价格机制

在"十三五""十四五"时期，在政府部门、电网企业、新能源企业的共同努力下，新能源消纳得到有效保障，消纳率长期保持在较高水平，随着分布式与集中式协同发展，新能源接入的整体规模和渗透率在不断提升，通过市场化的手段对新能源资源进行配置，进一步高效地推动新能源消纳成为各市场主体的主要共识。新能源虽然已逐步实施平价上网，但不等于能够平价利用。随着市场机制的完善，进一步放宽了利用率指标，需要科学合理确定新能源发展规模，在保证经济性前提下，资源条件较好地区的新能源利用率可降低至90%。

（一）面临挑战分析

新能源向市场化消纳过渡的政策实施路径仍需进一步明确。当前，政策明确要求一些地区要新能源全电量参与市场化交易，对于一些装机占比低、消纳好的地区也根据需要参与市场交易。各地新能源参与市场规模的确定方式不尽相同，且各地对新能源参与市场仍缺乏统一标准和明晰的路径。

分布式光伏参与电力市场机制亟待健全。目前，分布式光伏上网电量由电网企业全额收购。2019年5月，国家发展改革委、国家能源局公布了首批26个分布式电源市场化交易的试点名单。目前，仅山东、江苏等部分地区在地方政府推动下开展了分布式光伏就近交易。推动分布式新能源入市，需要与集中式新能源入市统筹考虑，大量省份缺乏新能源入市的政策指引、路径设计和实施细则。现有市场机制难以适应"装机规模小、分布规律散"的分布式光伏项目特征，不同规模、主体的分布式光伏"可观、可测、可调、可控"能力存在较大差异，需要更系统、精细和可操作性的市场机制设计。

（二）政策机制需求

加快完善适应新能源占比逐渐提升的电力市场机制。坚持市场化方向，分类、逐步推动新能源参与电力市场交易，建立"保障性收购+市场化交易""大范围配置+就地平衡"结合的新能源消纳框架。细化电力商品价值，建立综合体现电能量、容量、调节、绿色价值的多层次统一电力市场体系。区分存量、增量，差异化构建中长期市场、现货市场等在内的电力市场体系。通过现货市场调整日前、日内平衡偏差，尽早在电力市场中设计灵活性资源的调节机制，应对新能源出力的波动性和间歇性。通过放开增量新能源项目通过绿电交易参与市场，推动新建项目不再设定保障利用小时数。逐步引导存量项目参与市场交易，推动绿电交易与其他中长期交易统一组织。有序推进跨省跨区交易，完善省内市场与省间市场的衔接机制，明确衔接时序及交互信息，逐步实现各省区电力交易的开放与融合，在交易品种、交易时序、电网约束、价格出清等方面建立统一规则，逐步统一电力市场交易机制，促进新能源发电在更大范围内消纳。

科学引导分布式光伏市场化交易，公平承担系统消纳成本。考虑到分布式光伏涉及主体特别是户用自然人主体数量较大，涉及光伏扶贫等诸多政策，贴近民生，推动分布式光伏参与电力市场，需要做好顶层设计，确保稳妥起步，逐步化解相关矛盾。推动分布式光伏入市，首先引导其合理公平承担系统消纳成本。其中，对于调峰成本，应主要通过分时价格形式体现；对于调频等辅助服务类成本、政府性基金等类型成本，以及配储等政策要求，可与集中式新能源采用相似要求。近年来，山东、河南、浙江、江苏等分布式光伏接入较多地区，出台了分布式光伏参与电力市场交易的相关政策，部分地区也明确将分布式光伏纳入参与调峰的市场主体。

（本节撰写人：朱瑞　审核人：代贤忠）

4.4 安全保障机制

强化源网荷储安全共治，主管部门、发电企业、电网企业、设备厂商、用户等各类主体联合共建电力安全生态圈，推动电力安全治理向共建共保安全治理格局转变。

4.4.1 安全责任共担机制

（一）面临挑战分析

各类新主体安全责任界面模糊，标准化、统一化、实用化的制度标准必不可少。新型主体呈现点多面广、区域分散的显著特点，是新型电力系统的重要组成部分。新能源大基地涉及新能源、常规电源、储能等多个主体，随着新能源基地联营模式、流域水风光一体化模式的推进，这些资源与电网的调度关系有待进一步厘清。随着分布式新能源、微电网、虚拟电厂、负荷聚集商、源网荷储一体化、新型储能、电动汽车集中充电站等新业态新模式涉及的新型主体越来越多，市场主体地位逐步形成，从涉网安全角度，新型主体安全责任尚未明确。一旦发生事件事故，因责任问题造成新型主体与电力系统其他主体矛盾较多，导致安全风险管控失位。

（二）政策机制需求

建立以强制性标准为主体、推荐性标准为补充的电力安全标准体系。加强新型电力系统标准建设的顶层设计，完善新型并网主体的安全规程，统筹推进规划建设、并网接入、稳定运行、网络安全、应急能力等标准规范制修订，加强新主体刚性约束，引导各类主体按标准建设和规范化运行。建立新型电力系统新业态新模式安全责任管理体系，明确企业主体责任、部门监管责任、属地管理责任。压实新能源、微电网、新型储能、电动汽车、虚拟电厂、负荷聚集商、源网荷储一体化等新型主体安全责任，明晰源网荷储安全责任边界，全面加强安全风险管理。

加强新型主体并网运行安全管理。严格执行并网调度协议管理，集中式新能源、分布式新能源、新型储能（用户侧储能除外）、影响电网安全或参与电力市场的虚拟电厂等新型主体应与调度机构签订并网调度协议，纳入调度机构统一调度。新型主体应具备接收和执行电网调控机构控制和调节指令的能力，满足电网运行"可调可控"要求。新增分布式新能源要纳入调度机构统一调度，与集中式新能源同等参与电力系统运行控制，具备接收并执行调度机构的调度系统下发的发电和电压控制等指令的能力。

（本节撰写人：王旭斌　审核人：张钧）

4.4.2　安全风险管控机制

（一）面临挑战分析

在新型电力系统加速转型期，系统结构变化大、方式调整频繁，电力安全风险管控面临较大压力。

一是安全风险管控在规划、建设、运行、维护等全过程的传导有待加强。一方面，不同环节对安全风险考虑不太一致，不注重在规划阶段开展系统性研究和深入分析计算，问题将会在运行环节集中暴露。另一方面，高比例新能源、高比例电力电子设备接入，导致系统发生大范围连锁反应的风险不断增大，存在常见故障演变为大面积停电的风险；部分地区密集输电通道存在网架结构性风险，受土地资源和地形限制，电网存在多处输电通道密集分布于狭窄地域的情况，通道输送容量巨大，一旦密集通道遭遇极端情况，易发生大面积停电事故。

二是新型调度体系建设和新型主体涉网安全风险管控有待强化。一方面，随着新能源基地联营模式、流域水风光一体化模式的推进，这些模式与电网的调度关系有待进一步厘清；新能源与常规电源的联运、联营模式，多能互补、产销一体等新的经营形态，需要重视对系统安全和全局平衡的影响。另一方面，随着分布式新能源、微电网、虚拟电厂、负荷聚集商、源网荷储一体化、新型储能、电动汽车集中充电站等的发展，新业态新模式涉及的新型主体越来越多，市场主体地位逐步形成，但涉网安全管理难度较大，影响电网安全运行。

（二）政策机制需求分析

针对电力安全风险管控机制存在的短板问题，政策机制的发展和健全需求主要包括风险前置治理、优化管理机制等。

一是强化风险前置治理。将安全运行标准传递到电力系统全环节，在规划阶段加强对安全稳定风险的考虑；持续加强电力规划与国土空间规划的衔接，预留输电通道，支撑线路路径优化。

二是优化调度安全管理机制。健全新型调度体系，进一步明确电网调度与流域一体化、风光火储一体化、新能源大基地集控中心的定位，避免局域调度挤占系统调节能力；充分考虑用户的电源、负荷产消一体属性，完善配电调度体系，加强配电网、微电网、虚拟电厂等多层级调度协调，在电力保供、安全稳定中更好发挥配电侧灵活资源的作用。

（本节撰写人：张琛　审核人：张钧）

4.4.3　应急协同保障机制

（一）面临挑战分析

基础设施抗灾脆弱性对应急协同保障提出更高要求。现阶段城市电力设施多基于常态运行环境设计，并且用户自保能力有限，对于超出设防标准的极端灾害，抵御能力先天不足。以易受洪涝影响的地下配电站房为例，部分地区存在底座基础偏低、防汛设施缺失等问题，容易造成雨水倒灌、电力设备受淹。电力与交通、天然气、热力、通信等设施物理耦合愈发紧密，跨系统风险也随之上升，其他系统安全性直接影响电网承灾能力。从近年来重大灾害应对效果看，跨行业应急处置信息共享不够及时准确。

基层和社会应急资源参与的主动性积极性有待进一步提升。一方面，当前电力安全与国计民生息息相关，一旦发生停电造成的社会风险更加凸显。另一方面，用户侧社会资源非常丰富，比如分布式电源、微电网、储能、移动电源、自备应急电源以及社会应急资源等，有待充分挖掘社会资源安全价值，有效支撑电力安全保障。

（二）政策机制需求

加强基础设施跨系统风险协同治理。电力与水利、天然气、热力等能源基础设施，以及与气象、交通、通信等重点行业的耦合愈发紧密，面临的跨系统安全风险也随之上升。既需要建立与气象、交通、通信等部门的防灾减灾协同联动机制，强化预警监测、灾前准备和灾后抢修协同；也需要建立健全基础设施协同的立体风险防护体系，充分考虑基础设施跨系统风险传导，加强基础设施间影响链条识别，统筹现代化基础设施体系规划，留足安全裕度。

完善社会资源参与的基层电力安全治理激励机制。**完善基层应急网格化治理机制**，根据重要电力设施位置，形成应急单元网格，合理分配应急资源，建立一种快速响应的基层电力应急网格化管理机制，提升应急管理"末梢神经"敏锐性，实现应急管理从被动、分散向主动、系统转变，快速有效应对重大突发事件。**完善社会资源参与电力安全协同治理机制**，形成用户侧资源调用的市场激励机制，提升常态系统调节能力的同时，加强紧急状态下用户侧应急资源的协同保障力度，以更加经济高效方式提高电力安全性。

（本节撰写人：王旭斌　审核人：张钧）

4.5 业态模式创新

4.5.1 业态模式特性与趋势

新型电力系统市场主体趋向多元化发展。储能、电动汽车、微电网、虚拟电厂、负荷聚合商、数据中心等新型主体涌入市场。新能源集中式与分布式并举开发利用依赖于源网荷储一体化。在源网荷储一体化模式下，新型电力系统将通过源网协调、网荷互动、网储互动、源荷互动等多种交互方式整合电源侧、电网侧、负荷侧资源，提升能源清洁利用水平和电力系统运行效率。

现有电力系统以"电力供应+可靠性"为目标函数的发展模式将向多市场主体互动、生态化共存的共赢模式转变。分布式与集中式并举将成为未来能源供给、需求的典型模式，各类风光水火电源的互动模式，电源与电网的互动方式，大电网与配电网、微电网的互动模式都将实现"量变"到"质变"的突破，各类 V2G、V2H 等具备双向互动功能的电动汽车上路，将更大范围更高效率实现灵活性资源的建设、聚合与应用。持续催生创造新模式、新业态，**实现多网融合和多能互补，电力运营商从单纯的电力供给者，转变为综合能源供应服务商，最大限度提高能源利用效率。**

4.5.2 典型业态模式创新

随着电力市场改革深入推进、电力数智化水平不断提升，基于新型电力系统价值生态主体多样性、协同互动性等特征，以虚拟电厂为代表的电力市场参与模式、以电-氢协同为代表的可调节负荷与电网互动模式，成为新型电力系统业态模式创新的趋势。落实到业态模式创新场景上，各个模式中价值生态网络利益主体在关注自身价值的同时，更加关注价值生态网络上各节点的联系，实现传统能源与新能源之间的互补协同调度，联合其业态模式中生态合作伙伴共同提供服务，实现各方优势互补、互济互利。

（一）虚拟电厂

根据获益方式不同，虚拟电厂的商业模式主要分为参与需求响应交易、参与辅助服务市场交易、参与现货市场交易。目前虚拟电厂可通过政策性需求响应、电力市场交易（调峰辅助服务市场为主、部分试点现货市场）两个渠道获取收益。市场主体包括虚拟电厂运营商、电网公司、用户等，采用折扣电价、利润分成、附加服务的形式吸引用户。虚拟电厂典型商业模式分析见表4-7。

表 4-7　　　　　　　　　　　虚拟电厂典型商业模式

商业模式	实施主体	市场主体	参与途径	提供服务	利益分配
参与辅助服务市场交易（市场渠道）	第三方运营商（技术、平台提供商）发电企业示范项目	虚拟电厂电网公司	辅助服务市场（主流）	调峰调频辅助服务（降低系统峰值、提高低谷新能源消纳）	折扣电价、利润分成、附加服务
参与现货市场交易（市场渠道）	第三方运营商（技术、平台提供商）发电企业示范项目	虚拟电厂电网公司	现货（目前较少）	电能量交易	
参与需求响应交易（政策补贴）	第三方运营商技术、平台提供商示范项目	虚拟电厂电网公司	需求侧响应交易	填谷、削峰需求效应（削峰为主）	

　　商业模式设计的核心在于多方利益主体协调，对于虚拟电厂，需要考虑聚合资源主体、虚拟电厂运营商、电力系统运营商、政府的诉求等。从聚合资源主体来看，其主要诉求：一是获取最大化收益，用户通过第三方虚拟电厂运营商参与需求响应、电力辅助服务、现货市场、中长期市场，获得直观收益；二是最小化影响常规用电需求并降低用能成本，聚合资源主体参与虚拟电厂业务同时，尽可能小地影响其日常生产生活，另外充分利用虚拟电厂设备集成度高、系统数字化、智能化水平强等特点，提高聚合资源主体设备利用效率，降低运维成本。

　　2024 年 8 月，浙江省虚拟电厂管理平台正式启用。该平台聚合全省 2.53 万户空调、4803 个充电桩、818 户新型储能、81 户数据中心、581 户景观照明、87 户自备电厂和 25.02 万户分布式电源等零散负荷资源，分属近 20 家运营商。

（二）电-氢协同

　　电-氢协同主要包括"电-氢""氢-电""电-氢-电"三类应用场景，实现多元化能源转化和配置。"电-氢"和"氢-电"单向转换，即以气态、液态或固态等形式存储氢气，或者转化为甲醇和氨气等化学衍生物进行更安全地储存。通过大规模开发风、光等可再生能源电站，以较低的发电成本就地制氢，通过氢能储运网络实现可再生能源高效、低成本的区域输送调配。"电-氢"过程更多地服务于消纳，"氢-电"过程更多地服务于储备。"电-氢-电"通过利用富余的新能源电能进行电解水制氢并储存，到用电高峰期时，储存起来的氢能可利用燃料电池进行发电并入公共电网。电-氢协同模式的典型应用场景见图 4-1。

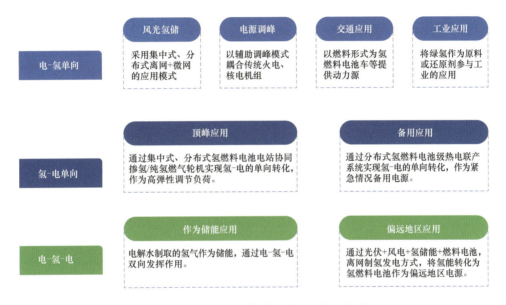

图 4-1　电-氢协同模式的典型应用场景

从模式参与主体看，新型电力系统产业链各环节企业主体积极布局氢能，发挥电-氢产业链规模优势和协同效应。项目投资主体来源广泛，产业链下游企业投资意愿较强。投资主体更加多元，包括化工企业（下游有化工一体化项目可供绿氢消纳）、发电企业，以及风电光伏产业链企业和其他能源装备企业。此外还有氢能产业链企业，实现氢气制、储、输、用环节全链条发展，以下游业务协同布局拉动上游氢源业务。

近年来，新疆电-氢协同示范样板逐步形成，2023 年 9 月自治区发改委宣布首批氢能产业示范区名单。当前，南疆电力系统调节资源相对紧张，氢能可作为灵活性资源、外送新载体和长周期储能，有效提升系统灵活性。目前已在南疆阿克苏库车地区开工建设 2 万 t/年电解水制氢厂，配套建设 30 万 kW 光伏电站；通过实施电-氢协同互动示范工程，光伏电站年均发电量 4.5 亿 kW·h，实现光伏制氢 2 万 t/年，每年减少二氧化碳排放 48.5 万 t。

（本节撰写人：张希凤、王轶楠　审核人：王雪）

5

国际电力系统转型
实践

5.1 发 展 概 况

从电源发展看，全球电源装机总量持续上升，2023 年底总装机容量达 91.3 亿 kW，同比上升 7.17%。近年来，全球可再生能源开发规模呈快速扩张态势，风能、光伏正成为推动世界能源结构加速转型升级的主导力量。全球清洁能源装机占比和新能源装机占比持续上升，2023 年分别达到了 70.15% 和 27.74%，同比增加了 1.6、4.01 个百分点。与此同时，全球火电装机占比持续下降，2023 年为 50.47%，同比下降了 2.7 个百分点。中国新能源发展领跑全球，装机规模比 10 年前增长了 10 倍，连续多年稳居世界第一，约占全球新能源总装机容量的 40%。2014－2023 年全球不同类型电源装机容量见图 5-1。

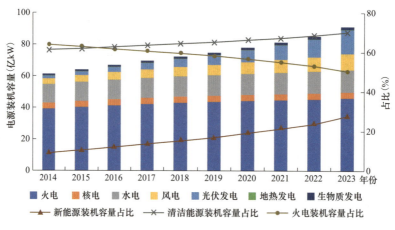

图 5-1　2014－2023 年全球不同类型电源装机容量

全球光伏开发规模呈快速扩张态势，光伏装机总量持续上升。截至 2022 年底，分布式光伏占比达 39.96%，相较于 2019 年上升了 6.45 个百分点，同比增长了 2.75 个百分点。2014－2022 年全球分布式光伏装机容量见图 5-2。

2023 年，全球总发电量达到 28.9 万亿 kW·h，其中清洁电源发电量占比达 60.12%，新能源占比达 13.95%，分别同比增加了 0.45、1.59 个百分点。而火电机组发电量占比持续下降，2023 年占比为 60.08%，同比下降了 0.71 个百分点。2014－2023 年全球不同类型电源发电量见图 5-3。

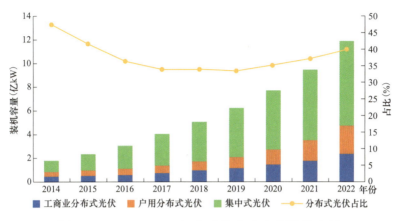

图 5-2　2014－2022 年全球分布式光伏装机容量

图 5-3　2014－2023 年全球不同类型电源发电量

从电网发展看，2014 年以来，全球电网线路长度和变电容量规模稳定增长。截至 2023 年底，220kV 线路长度累计达到 576 万 km，变电容量达 218.4 亿 kV·A，相较于 2014 年分别增加了 45.8% 和 30.7%。总体来看，全球线路长度和变电容量规模相对均衡，年均增速较为协调。2014－2023 年全球线路长度和变电容量见图 5-4。

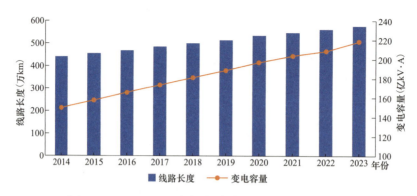

图 5-4　2014－2023 年全球线路长度和变电容量

从负荷增长看，全球用电量 2014－2023 年间持续增长。2023 年用电量达 25.88 万亿 kW·h，相较于 2014 年上升了 27.13%，同比增加了 3.19 个百分点。2014－2023 年全球用电量见图 5-5。

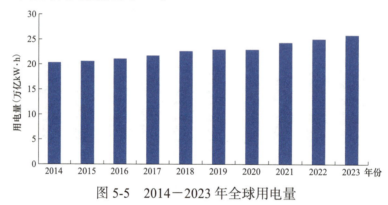

图 5-5　2014－2023 年全球用电量

近年来，电动汽车充电负荷发展快速，使得公共充电桩数量增长迅速，由 2015 年的 110 万个上升至 2023 年的 323 万个。其中，中国充电桩的数量最多，占世界的比重约为 69.34%。2023 年底，快速充电桩占公共充电桩的 35% 以上，中国快速充电桩占全球总量的 85%，慢速充电桩占全球总量的 60%。欧洲国家重视电动汽车充电基础设施的建设，2023 年底，欧盟就替代燃料基础设施法规（AFIR）的文本达成一致，要求沿着欧盟的主要交通走廊每 60km 安装充电桩，其中，英国对私人和公共充电桩装置保持了激励措施，2023 年英国已经安装了超过 53 600 个公共充电桩。2015－2023 年全球慢速、快速充电桩数量见图 5-6，2023 年部分国家（地区）及全球充电桩数量见图 5-7。

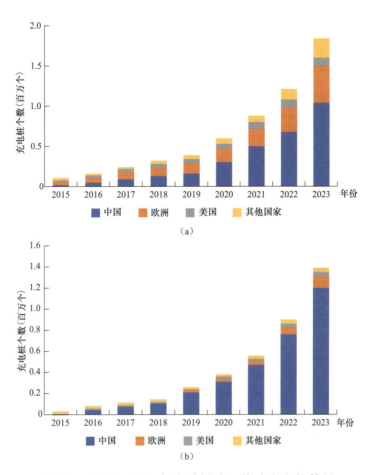

图 5-6　2015－2023 年全球慢速、快速充电桩数量

（a）慢速充电桩；（b）快速充电桩

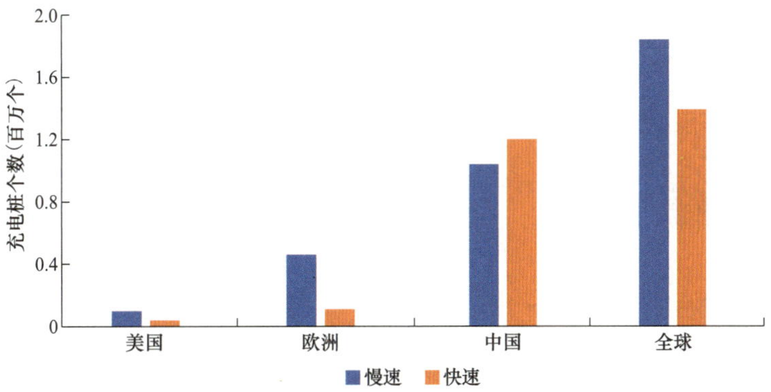

图 5-7　2023 年部分国家（地区）及全球充电桩数量

从电力投资看，2011－2022 年间，全球电力投资持续增长。2022 年全球可

再生能源投资额达到了 6000 亿美元，电力总投资规模累计超过了 11 000 亿美元，相较于 2016 年显著增加了近 25%。其中，电源和电池投资规模分别达到 7500 亿美元和 280 亿美元，而近十年电网基础设施投资相对稳定，投资额稳定在 3000 亿美元左右。2011－2022 年全球电源、电网投资见图 5-8。

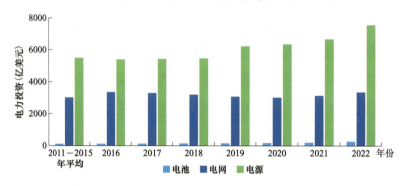

图 5-8　2011－2022 年全球电源、电网投资

（本节撰写人：王旭斌　审核人：韩新阳）

5.2　典型国家和地区电力系统发展评估分析

结合国际电力系统转型特征，考虑区域分布、资源禀赋以及电力系统发展实际，选取美国、欧洲（包括德国、英国、法国、丹麦等）、日本、澳大利亚、印度、巴西、俄罗斯等典型国家及地区[16-20]进行发展评估分析。各个国家国情以及电力系统发展规模与特征均有不同程度的差异，以下对比更多是在能源电力低碳转型背景下，试图从多个维度进行初步分析，为充分借鉴各国转型经验提供支撑。

5.2.1　清洁低碳

（一）源端清洁化水平

（1）新能源装机及发电量占比。

从新能源装机容量占比看，2023 年中国新能源装机容量占比达到 36%，高于世界平均水平的 27.7%。丹麦、德国的新能源装机容量占比超过了 50%[16]，源端清洁化水平最高，处于第一梯队。丹麦大力发展风电，形成了以风电为引领的能源转型路径。澳大利亚、欧洲、中国处于第二梯队，新能源装机规模均超过 30%。俄罗斯的新能源装机占比较低，仅为 1.7%。美国大力发展光伏及风能等清洁能源发电，但从目前情况看，天然气发电仍为主要发电来源。

从新能源发电量占比来看，丹麦新能源发电量占比最高，德国紧随其后，英国位于第三位，体现出整个欧洲地区源端清洁化水平较高。澳大利亚、巴西、中国、美国位于第二梯队，高于世界平均水平的 13.9%。中国新能源发电量规模大，风电和光伏发电量均位居世界第一位。日本、印度、俄罗斯新能源发电量占比较低，均在 12% 以下。

从新能源渗透率看，对于新能源渗透率较高的国家，考虑分钟级、小时级等更小时间尺度运行情况，处于高渗透率水平的年运行时间也处于高位，比如欧洲、德国、丹麦随着新能源装机的增加，高占比运行时间也更长。欧洲新能源渗透率超过 20% 的时间从 2015 年的 5% 增加到 2023 年 61.5% 的年运行时间（小时级），德国新能源渗透率超过 40% 的时间从 2015 年的 4.9% 增加到 2023 年 36.7% 的年运行时间，丹麦新能源渗透率超过 100% 的时间从 2015 年的 6.3% 增加到 2023 年 22% 的年运行时间。2023 年典型国家及地区新能源装机容量、发电量及占比以及小时级新能源渗透率分布情况分别见图 5-9、图 5-10。

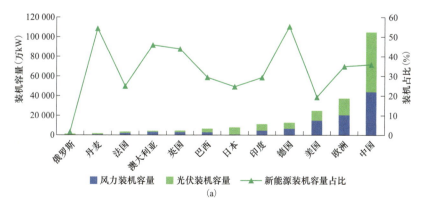

图 5-9　2023 年典型国家及地区新能源装机容量、发电量及占比（一）

（a）装机容量及占比

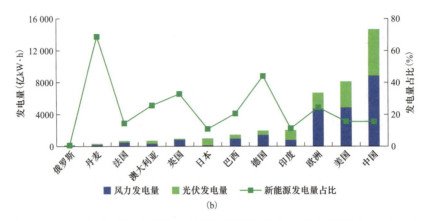

图 5-9　2023 年典型国家及地区新能源装机容量、发电量及占比（二）

（b）发电量及占比

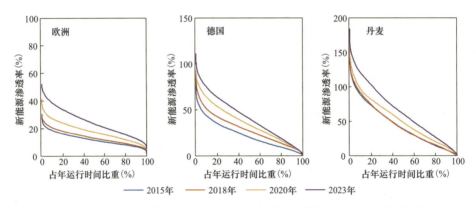

图 5-10　2023 年典型国家及地区小时级新能源渗透率分布情况

　　对于分布式光伏，巴西分布式光伏占比最高，达 72.0%；德国由于新能源发展起步较早，光伏建设已形成规模，分布式光伏占比达 70.7%，位居第二位；澳大利亚由于户用屋顶光伏发电系统普及，分布式光伏装机容量占比达 69.6%，位居第三位；包括丹麦、英国、法国在内的欧洲发达国家，分布式光伏占比在 37% ~ 43%之间；中国的分布式光伏占比与欧洲平均水平相当，高于美国，达到 40.2%。2022 年典型国家分布式光伏装机容量占比见图 5-11。

（2）清洁能源装机及发电量占比。

　　巴西、欧洲、德国、美国、日本位于第一梯队，2023 年清洁能源装机占比均超过 80%。印度的清洁能源装机占比为 49.9%，长期依赖煤炭等传统化石能源。其他国家的清洁能源装机容量占比均在 55% 以上。清洁能源发电量占比指标与清洁能源装机容量占比指标的趋势呈现一致性。其中，丹麦、美国的清洁能源发电量略大于清洁能源装机容量。2023 年典型国家及地区清洁能源装机容量、发电量及占比见图 5-12。

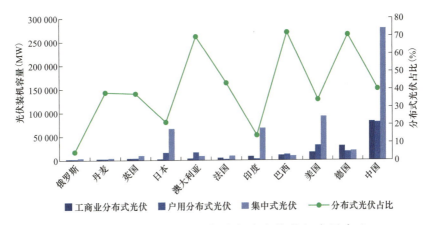

图 5-11　2022 年典型国家分布式光伏装机容量占比

注：工商业分布式光伏容量统计 10kW ~ 1MW；户用分布式光伏统计 10kW 以下的；集中式光伏统计 1MW 以上的。

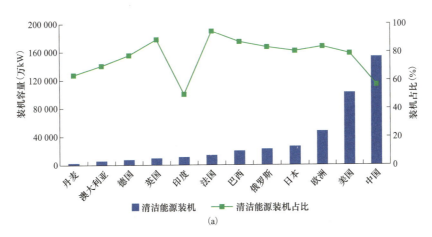

(a)

图 5-12　2023 年典型国家及地区清洁能源装机容量、发电量及占比（一）

（a）装机容量及占比

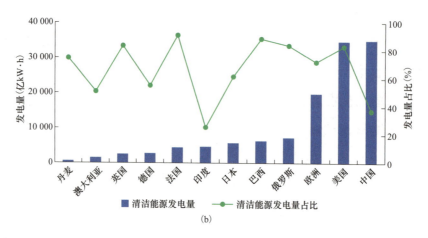

(b)

图 5-12　2023 年典型国家及地区清洁能源装机容量、发电量及占比（二）

（b）发电量及占比

（二）终端电气化水平

2023 年多数国家及地区终端电气化率超过 20%，其中，日本、中国终端电气化率较高，均超过 28%，巴西、德国、印度、俄罗斯较低，均低于 20%。2023年典型国家及地区终端电气化率比重见图 5-13。

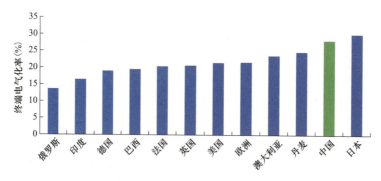

图 5-13　2023 年典型国家及地区终端电气化率

（三）系统碳排放水平

（1）度电碳排放。

2023 年，印度、日本、中国、澳大利亚度电碳排放较高，超过 500g/（kW·h）。

124

丹麦、巴西、法国、英国度电碳排放低于 300g/（kW·h）。随着可再生能源的发展，印度、澳大利亚火力发电有所下降，但火力发电仍旧占据不小比例；美国清洁能源占比相对较高，度电碳排放量较低；巴西以水力发电为主，风电、光伏等新能源发展较快，度电碳排放量较低。2023 年典型国家度电碳排放量见图 5-14。

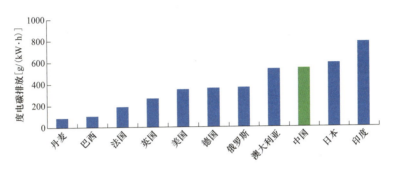

图 5-14　2023 年典型国家度电碳排放量

（2）单位 GDP 能耗。

2023 年，俄罗斯、中国、印度单位 GDP 能耗超过 20 000tce/亿美元，单位 GDP 能耗强度保持较高水平。中国和印度火力发电仍占比较高，美国、日本、澳大利亚、英国、德国、丹麦、法国的清洁能源消费比重相对较高，单位 GDP 能耗较低。2023 年典型国家单位 GDP 能耗强度见图 5-15。

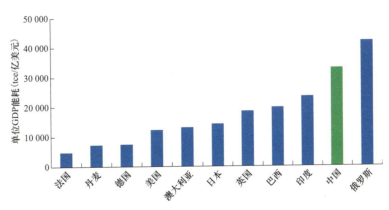

图 5-15　2023 年典型国家单位 GDP 能耗强度

5.2.2　安全充裕

（一）供应充裕性

近年来，中国电力有效供应裕度相比德国、欧盟等国家及地区相对较低。欧盟、德国电力有效供应裕度水平较高。2023 年欧盟整体电力有效裕度达 1.29，在有数据统计的 33 个欧洲国家中，14 个超过 1.29（丹麦 1.39，法国 1.33），7 个在 1.1 ~ 1.29 之间（德国 1.28），12 个国家在 1.1 以下。丹麦 2023 年电力有效供应裕度为 1.39，澳大利亚、美国电力有效供应裕度水平相对较低，均在 1.0 以下；其中，澳大利亚在发生停电事故的 2016、2017、2021 年，电力有效供应裕度均在 1.1 及以下。巴西 2023 年的最大负荷增加迅速，导致有效供应裕度值较低。当电源有效容量不考虑风电装机时，德国的有效供应裕度值由 1.28 下降至 1.2，丹麦由 1.39 下降至 1.28。2023 年典型国家及地区不同情况下电力有效供应裕度见图 5-16，2014－2023 年典型国家及地区电力有效供应裕度变化见图 5-17。

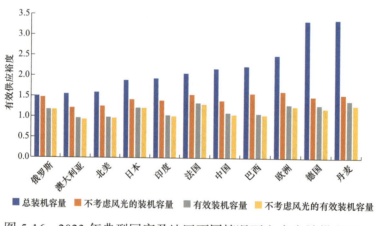

图 5-16　2023 年典型国家及地区不同情况下电力有效供应裕度

（二）调节充裕性

（1）灵活调节电源占比。

2023 年，俄罗斯、美国、英国、日本灵活调节电源占比较高，均超过 38%。澳大利亚、德国占比均超过 18%，法国、印度、中国、巴西等均低于 13%。2023

年典型国家灵活调节电源占比见图 5-18。

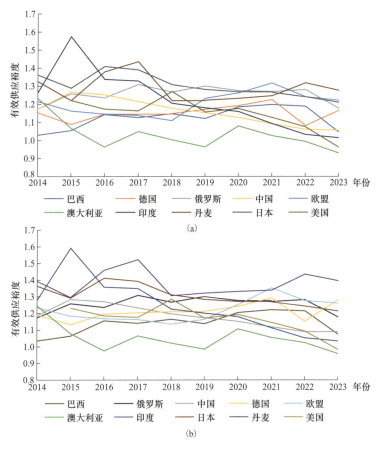

图 5-17　2014－2023 年典型国家及地区电力有效供应裕度变化

（a）不考虑风光的有效装机容量；（b）考虑风光的有效装机容量

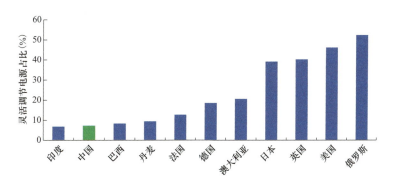

图 5-18　2023 年典型国家灵活调节电源占比

（2）系统等效惯量。

从考虑常规机组全开、常规机组开机70%，考虑虚拟惯量（常规机组全开）、考虑虚拟惯量（常规机组开机70%）四种情况下，分析各国系统等效惯量变化情况。在考虑新能源机组虚拟惯量支撑情况下，系统等效惯量有所上升，且与机组规模有关。

2023年，在常规机组全开情况下，中国、日本、澳大利亚、美国系统等效惯量均大于4s，丹麦、巴西、德国、法国、欧洲均小于4s。在常规机组开机70%情况下，中国、欧洲国家系统等效惯量将接近甚至小于3s，处于临界惯量裕度水平。2023年典型国家及地区系统等效惯量以及下降幅度见图5-19。

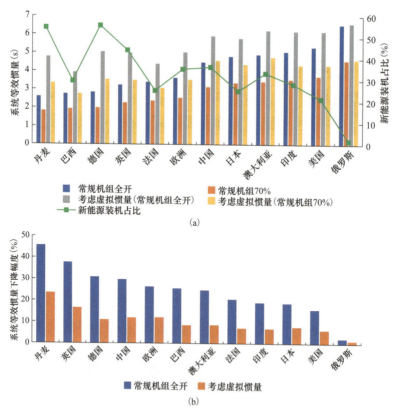

图 5-19　2023年典型国家及地区系统等效惯量以及下降幅度

（a）系统等效惯量；（b）系统等效惯量下降幅度

从 2014－2023 年下降幅度看，降幅与新能源装机比例升幅呈强相关性，高比例新能源接入的国家及地区下降幅度更大，新能源装机占比接近或超过 30% 的丹麦、德国、中国、欧洲、巴西、澳大利亚等国家及地区系统等效惯量下降幅度超过 24%。2014－2023 年典型国家及地区不同情况下系统等效惯量变化见图 5-20。

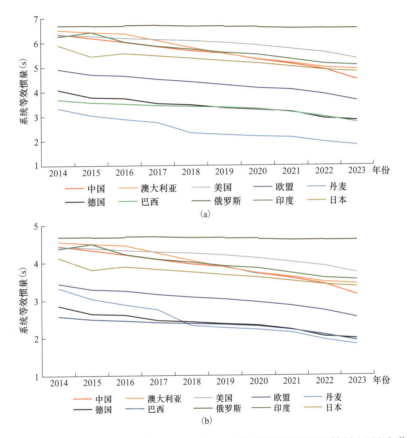

图 5-20　2014－2023 年典型国家及地区不同情况下系统等效惯量变化

（a）常规机组全开；（b）常规机组 70%

（三）系统可靠性

从户均停电时间看，中国与发达国家相比仍有一定差距。2023 年，德国、欧洲、英国、日本、澳大利亚的户均停电时间较短，均小于 1.6h，美国为 5.5h。中国户均停电时间为 7.83h，低于欧洲、美国等国家及地区。巴西、印度户均停电时间较长，均高于 10h，其中，印度达到 90h。分析停电原因，可能由于停电时间统计口径的差异，对比国内外，由于我国电网处于发展阶段，预安排停电约占 50%，而发达国家电网较成熟，预安排停电仅占约 30%，扣除预安排停电后，我国户均停电时间优于部分欧美国家。2023 年典型国家及地区年户均停电时间见图 5-21。

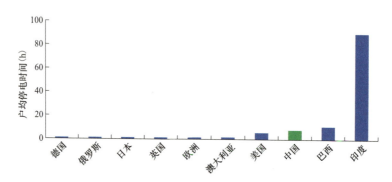

图 5-21　2023 年典型国家及地区年户均停电时间

从设备可靠性看，对于日本、美国和欧洲发达国家而言，其电网中超过 20 年的设备比例较高，50%设备超过 20 年，有些甚至已经运行 50 年以上，只有约 23%低于 10 年历史。在欧洲，超过 50%的电网设备运行超过 20 年，大约是其平均寿命的一半。这些国家的电网规模增长较慢，相当大一部分是由老化设备组成的，而大规模新能源并网接入是输电设备更新的主要原因。2022 年典型国家及地区不同运行年限的电网线路分布情况见图 5-22。

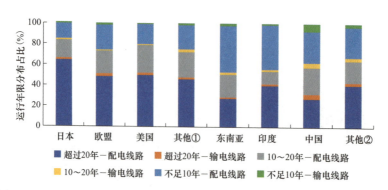

图 5-22　2022 年典型国家及地区不同运行年限的电网线路分布情况

注：其他①指其他发达经济体；其他②指其他新兴市场和发展中经济体。

相比之下，新兴市场和发展中国家拥有较新的电网设备，主要是为满足不断增长的电力需求，约 40% 的设备运行不到 10 年，不到 38% 的设备超过 20 年。中国拥有年限在 10 年以下的输电线路比例最高，过去 10 年新建超过 71 万 km。

5.2.3 经济高效

（一）系统成本

中国相比其他国家单位 GDP 电力成本较高，接近 500 元/万元，欧美国家均低于 300 元/万元。从单位 GDP 电耗看，欧美日等国家及地区较小，均接近或低于 300kW·h/万元。2022 年典型国家单位 GDP 电耗及单位 GDP 电力成本见图 5-23。

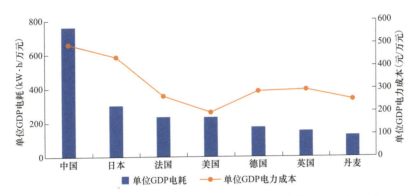

图 5-23　2022 年典型国家单位 GDP 电耗及单位 GDP 电力成本

（二）技术成本

从风电度电成本看，2014—2023 年世界陆上风电的加权平均度电成本（LCOE）从 0.111 美元/（kW·h）降至 0.033 美元/（kW·h）[20]，下降幅度达到 70.3%。2023 年，中国、英国、巴西风电 LCOE 较低，均低于 0.04 美元/（kW·h），相比 2012 年下降幅度分别达到 64%、67%、48%。德国、印度下降幅度均超过 50%。日本、德国、美国风电 LCOE 维持较高水平，均超过 0.05 美元/（kW·h）。2014—2023 年典型国家风电度电成本变化见图 5-24。

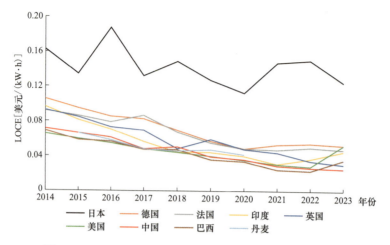

图 5-24   2014－2023 年典型国家风电度电成本变化

从光伏发电成本来看，2014－2023 年世界光伏发电加权平均 LCOE 从 0.172 美元/（kW·h）降至 0.044 美元/（kW·h），下降幅度达到 74.4%。中国和澳大利亚光伏 LCOE 较低，分别达到 0.036 美元/（kW·h）和 0.038 美元/（kW·h）。澳大利亚、中国下降幅度较大，均超过 70%。日本、美国、德国、英国光伏 LCOE 维持较高水平，均超过 0.06 美元/（kW·h）。2014－2023 年典型国家光伏度电成本变化见图 5-25。

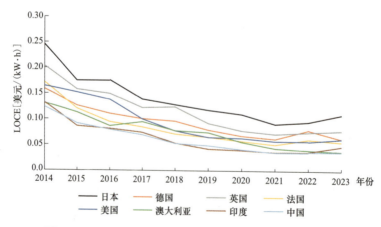

图 5-25   2014－2023 年典型国家光伏度电成本变化

（三）电价水平

从上网电价看，德国、法国、美国较高，超过 0.075 美元/（kW·h），丹麦、中国相对较低,低于 0.06 美元/(kW·h)。**从输配电价来看**,随着新能源装机的增加,输配电价总体呈现上涨趋势,各国输配电价水平在 0.031~0.065 美元/(kW·h)之间。中国处于较低水平,仅为 0.031 美元/(kW·h)。丹麦和美国输配电价在 0.4~0.5 美元/(kW·h)区间,德国和日本在 0.5~0.6 美元/(kW·h)区间。**从销售电价来看**,各国的销售电价水平(按电量加权平均电价水平)在 0.096~0.295 美元/(kW·h)区间,其中,中国最低,为 0.096 美元/(kW·h)。丹麦新能源发电比重最高,销售电价水平也更高,达到 0.295 美元/(kW·h)。2022 年典型国家上网电价、输配电价、销售电价见图 5-26。

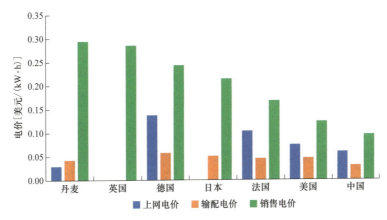

图 5-26　2022 年典型国家上网电价、输配电价、销售电价

从工业电价来看,美国工业电价水平最低,为 0.085 美元/(kW·h),其次是中国,为 0.06 美元/(kW·h),英国、德国工业电价水平相对较高。**从居民电价来看**,中国电价最低,为 0.082 美元/(kW·h)。美国、法国、日本位于第二梯队,居民电价在 0.151~0.263 美元/(kW·h)区间。丹麦、英国、德国居民电价水平较高,位于第三梯队。2022 年典型国家工业电价、居民电价见图 5-27。

（四）运行经济性

俄罗斯、巴西、印度等国家线损率较高,均超过 10%,中国、日本、美国、澳大利亚、欧洲处于较低水平,均低于 8%,其中,中国最低,为 4.54%。印度由于配电设备落后、盗电及计量误差等因素,输配电线损率较高,高达 17.76%;

巴西和俄罗斯面临老旧设施更新和现代化改造的挑战，分别是 14.85% 和 10.66%。2023 年典型国家及地区线损率见图 5-28。

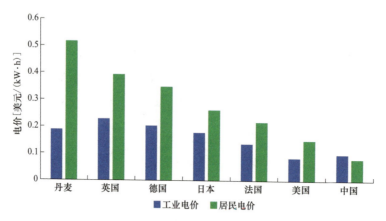

图 5-27　2022 年典型国家工业电价、居民电价

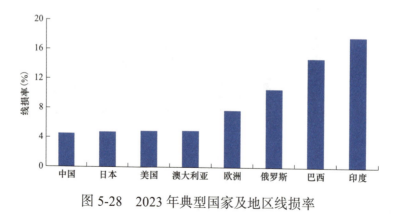

图 5-28　2023 年典型国家及地区线损率

（五）新能源利用水平

为了深入剖析新能源的消纳状况，引入 C-E 图[22] 作为分析工具，见图 5-29，其纵轴 C 表示新能源的弃电率，横轴 E 表示新能源的渗透率。通过计算 C 与 E 之间的比例（R），能够有效评估新能源的消纳效能。当 R 值低于 0.1 时，新能源渗透率攀升至 50% 以上，弃电率仍能控制在 5% 以内，标志着新能源消纳处于高效且良好的状态。反之，若 R 值大于 0.5，即在新能源渗透率超过 10% 时（目前全球整体水平），弃电率已突破 5% 的阈值，这预示着新能源消纳面临较为严峻的挑战。此外，C-E 图的斜率（G）作为另一关键指标，揭示了新能源消纳的动

态趋势。当斜率 G 为负值时，表明随着新能源渗透率的提升，弃电率反而有所下降，预示着新能源消纳状况正朝着更加积极的方向发展。相反，G 值为正则反映出弃电率随渗透率增加而加剧，新能源消纳形势趋于严峻。

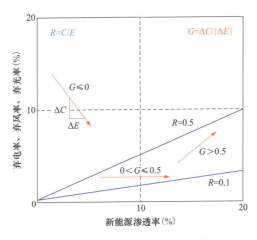

图 5-29　新能源弃电 C-E 示意图

　　根据目前已有国家数据来看，整体欧洲国家风电渗透率高，其中，丹麦为 46.5%，西班牙为 23.8%，爱尔兰为 37.1%，德国为 25.4%；中国风电渗透率为 9.67%。光伏渗透率方面，德国为 12.05%，美国加州为 4.03%，中国为 6.33%。从新能源渗透率与弃电率关系看，随着新能源渗透率的增大，多数国家和地区弃电率呈现逐年上升态势，且新能源渗透率越高弃电率上升更加明显。

　　从风电弃电率来看，2023 年中国弃风率较低仅为 2.3%，欧洲整体风电渗透率超过 14%，各国风电渗透率差异较大，弃风率普遍在 10% 以下。其中，丹麦的风电渗透率接近 50%，近几年弃风率有上升趋势，得益于电网互联互济、灵活调节资源支撑，总体控制在 10% 以下。西班牙弃风率低于 1%，跨国电网互济保障了风电的有效消纳。英国、德国和爱尔兰的弃风率基本随着风电渗透率的增加而增加。美国加州风电渗透率在 10% 左右，弃风率在 1% 以下。2015—2023 年典型国家及地区风电弃风率及渗透率变化见图 5-30。

　　从光伏弃电率来看，中国的弃光率总体呈现下降趋势，由 2015 年的 12.6%

下降至 2023 年的 2%。欧洲整体光伏渗透率高于 6%，其中，德国光伏渗透率更大、弃光率较小，2022 年德国光伏渗透率超过 11%，而弃光率均保持在 1% 以下。2023 年美国加州光伏渗透率约 7.75%，弃光率呈逐年增加趋势并接近 5%，一方面，加州的电力需求存在季节性和日间的波动，这导致电力供需不匹配，部分光伏电力无法被消纳，只能选择弃光；另一方面，包括电网阻塞、供过于求等原因，其中局部电网阻塞原因超过 70%。2015－2023 年典型国家及地区光伏弃电率及渗透率变化见图 5-31，美国加州弃风弃光量、弃电原因分别见图 5-32、图 5-33。

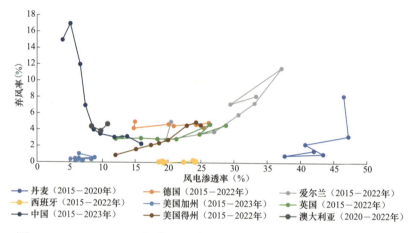

图 5-30　2015－2023 年典型国家及地区风电弃风率及渗透率变化

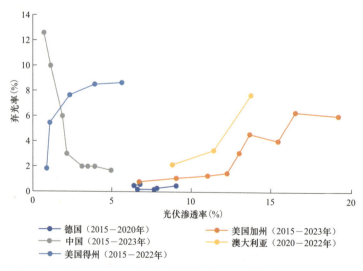

图 5-31　2015－2023 年典型国家及地区光伏弃电率及渗透率变化

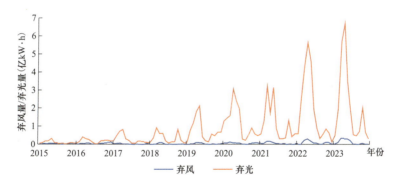

图 5-32　2015－2023 年美国加州弃风弃光量

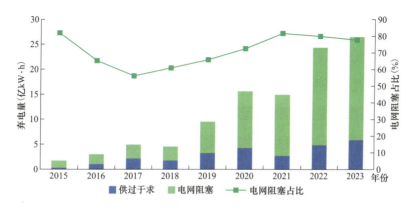

图 5-33　2015－2023 年美国加州弃电原因

5.2.4　供需协同

（一）规模速度协调性

中国 220kV 及以上电网线路长度、220kV 及以上电网变电（换流）容量、并网装机容量均位于首位，欧洲、美国电网规模约为中国的一半，巴西、俄罗斯、澳大利亚、日本处于第二梯队，电网规模不足中国的 1/4。中国、印度、巴西电源电网规模增速较快，处于第一梯队；美国、欧洲、俄罗斯、澳大利亚、日本电网用电需求相对饱和，电源、电网建设主要是更新改造、提高供电服务能力和安全可靠性，规模增速相对较慢。2023 年典型国家及地区电网、电源规模及增长情况匹配分析见图 5-34。

从接受电力服务人口来看，中国位于首位，其次是印度。从人均 GDP 水平来看，美国、澳大利亚、丹麦人均 GDP 数值高，经济发展水平高，居民生活水平高。从人均用电量来看，美国、日本、澳大利亚、中国、欧洲等均超过 5000kW·h，其中，美国最高，为 12 175.64kW·h。2023 年典型国家及地区接受电力服务人数及人均用电量关系见图 5-35。

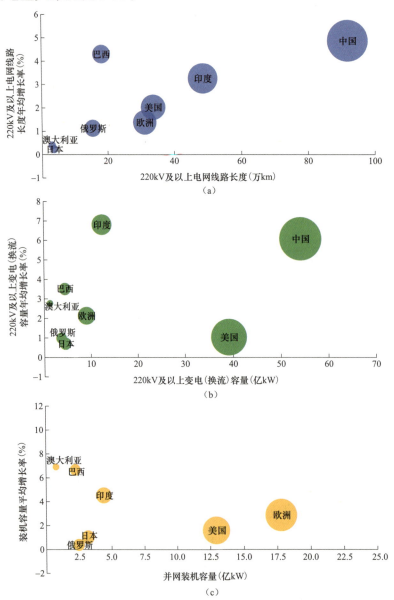

图 5-34　2023 年典型国家及地区电网、电源规模及增长情况匹配分析
（a）220kV 及以上电网线路长度；（b）220kV 及以上变电（换流）容量；（c）并网装机容量

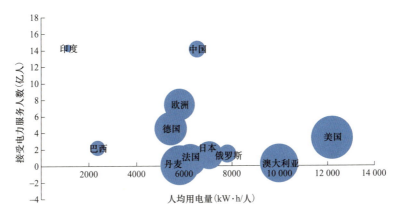

图 5-35　2023 年典型国家及地区接受电力服务人数及人均用电量关系

（二）网源发展协调性

从发展规模看，丹麦、德国、印度、美国网源规模比值在 2.0 以上，变电规模超前发展于电源规模；巴西和中国网源规模比值接近于 2.0，分别为 2.03、1.86，网源发展规模较为匹配；澳大利亚、日本等其他国家网源规模介于 1.4~1.7，变电规模滞后发展于电源规模。从电源容量和变电容量年增长率看，美国变电容量增速大幅领先电源装机增速，比值达 5.41；而澳大利亚、印度网源增速相对均衡，分别为 0.91 和 0.87；中国、巴西等国家网源增速比值较低，均低于 0.5。2023 年典型国家电源、电网容量规模及增速见图 5-36。

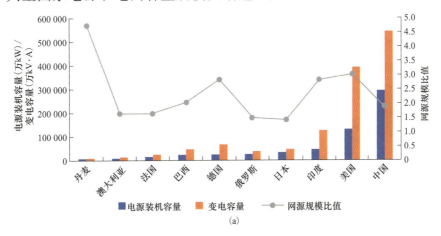

图 5-36　2023 年典型国家电源、电网容量规模及增速（一）

（a）电源装机容量和变电容量

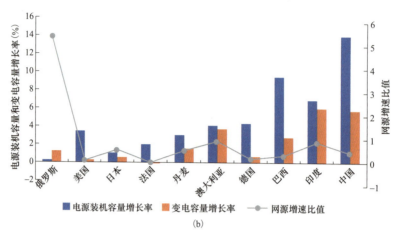

图 5-36　2023 年典型国家电源、电网容量规模及增速（二）

（b）电源装机容量增长率和变电容量增长率

从电力投资看，各国电源投资规模均高于电网投资规模。中国电网和电源投资规模分别达到 727 亿美元和 1334 亿美元；美国次之，电网和电源投资规模达到 359 亿美元和 596 亿美元。日本、澳大利亚、巴西、德国、法国、英国电网规模与用电负荷相对匹配。从电网和电源投资年平均增长率看，中国、巴西、印度、德国电源投资增速最快，且与电网投资增速差距较为显著；而日本、美国趋势相反，电网增速快于电源。2023 年典型国家电网、电源投资规模及增速见图 5-37。

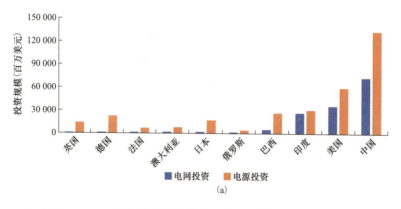

图 5-37　2023 年典型国家电网、电源投资规模及增速（一）

（a）投资规模

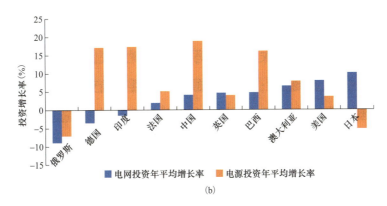

图 5-37　2023 年典型国家电网、电源投资规模及增速（二）

（b）投资增长率

（三）网荷发展协调性

从发展规模看，印度、俄罗斯电网年均增速明显高于电源年均增速，网源发展协调性分别为 2.49 和 1.2；而中国、美国等其他国家趋势相反，电网年均增速低于电源年均增速，网源发展协调性均小于 1.0。巴西、澳大利亚的电网增速远高于负荷增速，网荷发展协调性指标达到 2.99 和 6.16；而印度呈现同样趋势，指标达 1.31；相比之下，中国电网发展与负荷增速持平，网荷发展均衡。2023 年典型国家网荷发展协调性见图 5-38。

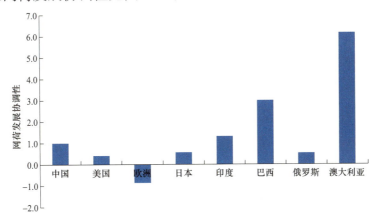

图 5-38　2023 年典型国家网荷发展协调性

单位电量输电线路长度与人均 GDP 间关系看，该指标反映了不同经济发展强度的国家，其单位电力需求增长所需的电网扩展。以美国为首的高收入经济体，电力发展起步较早，电网结构较为成熟，并且电气化水平和消费水平较高，单位电力需求增长所需的电网扩展要少一些；包括巴西、印度在内的发展中国家，电力基础设施较为老旧，电力设备还不能实现高效的电能输送，需要进行重大的电网扩展，电网利用率较低。2023 年典型国家单位电量输电长度与人均 GDP 间关系见图 5-39。

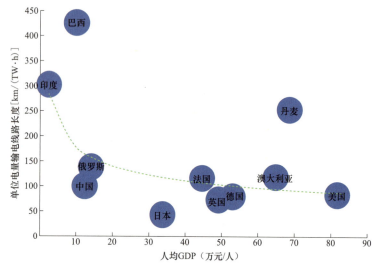

图 5-39　2023 年典型国家单位电量输电长度与人均 GDP 间关系

（四）需求响应水平

中国近年来需求响应规模持续增长，目前国外需求响应涵盖领域广、开发利用效果明显，如美国一直维持在较高水平，2023 年，美国需求响应规模为 8378MW，居民、商业、工业、交通需求响应规模分别达到 3038、2304、3036MW。2014－2023年中国与美国需求响应规模见图 5-40。美国分行业需求响应规模见表 5-1。

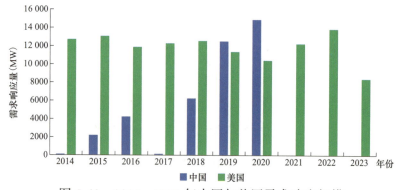

图 5-40　2014－2023 年中国与美国需求响应规模

表 5-1 　　　　　　　美国分行业需求响应规模　　　　　　　MW

年份	居民	商业	工业	交通	总计
2013	3381	2548	5805	149	11 883
2014	3147	2652	6883	1	12 683
2015	3430	3047	6546	13	13 036
2016	3608	3598	4632	4	11 841
2017	3960	2743	5546	—	12 248
2018	3788	2694	6040	—	12 522
2019	3426	2403	5505	—	11 334
2020	3504	2115	4768	—	10 387
2021	3836	2807	5569	—	12 211
2022	4606	2608	6613	—	13 827
2023	3038	2304	3036	—	8379

电动汽车 V2G 技术正在成为新型电力系统重要需求响应重要参与者，国内外正在加快示范推广。目前，全球推进 V2G 技术不断应用，根据 V2G Hub 不完全统计，中国 V2G 项目充电桩约 1000 多个；欧洲整体 V2G 充电桩安装项目开展较多，其中，法国 V2G 充电桩数量为 5018 个，英国、德国、丹麦分别为 746、154、120 个；美国、澳大利亚分别为 209、61 个。2023 年典型国家 V2G 项目充电桩数量见图 5-41。

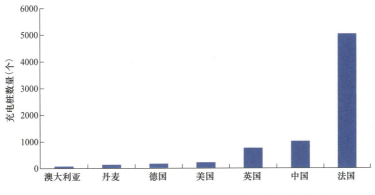

图 5-41　2023 年典型国家 V2G 项目充电桩数量

5.2.5 灵活智能

（一）电网互联互通水平

（1）跨省跨区输电情况。

2023 年，中国跨省跨区输电容量超过 3 亿 kW，远高于其他国家，其中，跨区输电容量达到 1.88 亿 kW，跨省跨区输电容量占最大负荷的 25.3%。欧洲跨境输电容量约 1.23 亿 kW，占最大负荷的 28.6%，美国跨区域输电容量 0.84 亿 kW，占最大负荷的 11.4%。2023 年跨区域输电容量及占最大负荷比重见图 5-42。

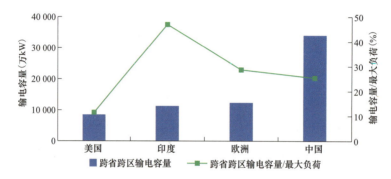

图 5-42　2023 年跨区域输电容量及占最大负荷比重

从跨区输送电量看，中国 2015—2023 年跨省跨区输电量占比不断上升，由 22.5% 上升至 29.3%。欧洲跨省跨区输电量占比由 13.7% 上升至 15.4%。2015—2023 年跨区输电量占比见图 5-43。

图 5-43　2015—2023 年跨区输电量占比

近年来，欧洲各国总进出口电量值波动起伏较大，总进口电量规模大于总出口电量规模。2023 年总进口电量为 4377.4 亿 kW·h，总出口电量为 4329 亿 kW·h。其中，法国和德国平均出口电力占欧洲总电力出口的 56%。2015－2023 年欧洲近年来跨境交互电量见图 5-44，2023 年欧洲跨境电力交互情况见图 5-45。

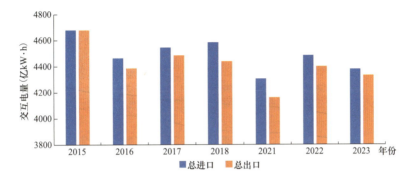

图 5-44　2015－2023 年欧洲近年来跨境交互电量

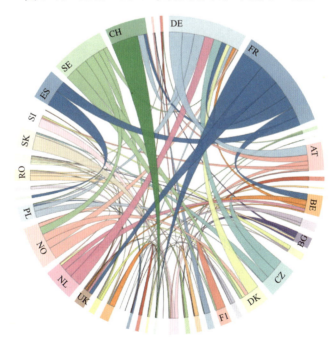

图 5-45　2023 年欧洲跨境电力交互情况

AT－奥地利；BE－比利时；BG－保加利亚；CH－瑞士；CZ－捷克共和国；DE－德国；DK－丹麦；
ES－西班牙；FI－芬兰；FR－法国；NO－挪威；NL－荷兰；SE－瑞典；SI－斯洛文尼亚；
SK－斯洛伐克；RO－罗马尼亚；PL－波兰；UK－英国

（2）直流输电容量。

近年来，全球直流工程输电容量大幅增加，按照截至 2022 年已完成直流工程统计，从 2014 年的 0.26 亿 kW 增加至 2022 年的 2.11 亿 kW。截至 2022 年底，中国直流工程输电容量达到 2.32 亿 kW（包括已完成、在建以及规划工程），占世界直流输电容量的 52%。英国、美国、德国直流输电容量分别达到 0.60 亿、0.37 亿、0.33 亿 kW，占世界直流输电容量的 12.6%、5.0%、7.4%。2014—2022 年全球直流工程容量见图 5-46，2022 年典型国家直流输电容量及占比见图 5-47。

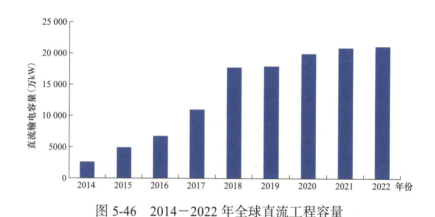

图 5-46　2014—2022 年全球直流工程容量

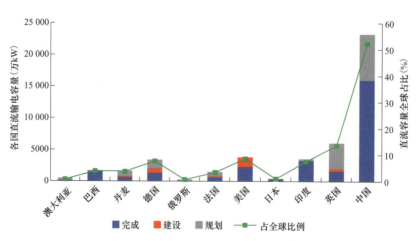

图 5-47　2022 年典型国家直流输电容量及占比

（二）电力数字化智能化水平

（1）电力数字化智能化投资。

近年来，全球智能电表、电力自动化、网络通信、充电桩管理等方面的电力数字化智能化投资大幅增加，从 2015 年的 380 亿美元增加至 2022 年的 627 亿美元，其中，智能电表、电力自动化投入占比较大，近年来均超过 55%。2015－2022 年全球电力数字化智能化投资规模见图 5-48。

图 5-48　2015－2022 年全球电力数字化智能化投资规模

从电力数智化指数看，德国、美国、英国和丹麦在内的发达经济体，其电力数智化技术指数均达到 90 分以上[22]；而日本、澳大利亚和巴西指标略低，但均在 80 分以上。对于发展中国家而言，中国在电力数智化领域处于全球领先水平，数智化指数达 94.5 分；印度电力基础设施较为滞后，技术创新能力不足，该指数仅有 79.3 分。

（2）电力数字化智能化技术专利成果。

以 RTA 指数[18]表征智能电网创新情况，总体看德国、法国、英国等欧洲国家 RTA 指数较高，大于 1；中国、美国相对较低，在 1 以下。2011－2021 年典型国家智能电网创新 RTA 指数见图 5-49。

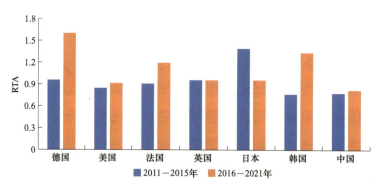

图 5-49　2011－2021 年典型国家智能电网创新 RTA 指数

注：RTA（Revealed technology advantage）=（国家的技术专利占该国电力部门所有专利的比例）/（世界技术专利占世界电力部门所有专利的比例）。

（本节撰写人：王旭斌　审核人：韩新阳）

5.3　美国电力系统

5.3.1　转型背景

美国依托自身地缘环境和资源禀赋，加速清洁能源的发展。美国油气资源丰富，页岩革命后油气产量快速增长，已经成为世界第一大油气生产国。地理位置来看，其两个陆上邻国（加拿大和墨西哥）均不是能源大国，能源供应一旦出现问题，难以从邻国获得援助，近年来大力发展风电、分布式光伏等新能源。

在能源转型需求下，美国在政府层面有较强的电网提升意愿。人工智能、数据中心等高电耗的新产业发展，制造业回流本土的计划，以及降碳目标下风电、光伏等可再生能源的大规模接入，都使得美国电网基础设施加强的需求愈发迫切。联邦政府持续出台法案来整合国内资源、加强基础设施建设，用于提升电网对增量负荷和新能源的接纳能力。2021 年和 2022 年美国国会相继通过《基础设施投资与就业法案》和《通胀削减法案》，要求加大政府投资，美国能源部负责具体落实,在未来十年内为清洁能源技术示范和部署提供数 10 亿美元资助。2024 年 5 月 14 日,美国联邦能源监管委员会(FERC)发布了 FERC 1920 号令,以协调整合各州各部门加强电网建设、提高供电能力和可再生能源接入能力为目标,提出了一揽子输电规划、建设成本分摊规则。

美国电网受制于政治体制,规划建设速度慢。分布式资源在市场化推动下发展迅速,但受限于公共基础设施资金来源及疏导方式始终未能形成共识,接网及输电通道的建设落后于增量负荷和新能源的接网需求。

一是互联水平低。美国的电力产业结构非常复杂,主要包括东部、西部、得州、阿拉斯加、夏威夷五大区域电网。电力服务公司则以南方公司、杜克能源公司、艾迪生电力公司、西部电力公司为代表,共数百家,服务范围与各区域电网相互交织,同时由于电力行业的自然垄断属性,每一家电力公司都是当地的行业垄断者,因此,跨区互联容量及实际互济电量都很有限。

二是基础设施老化程度高。人工智能、加密货币、电动汽车的发展使得美国电力需求面临新一轮的快速上涨,2035 年实现电力行业完全脱碳的目标也助推了新能源并网的快速上涨,大幅提升了对美国电网的输电能力要求。但当前美国接网、输配电设施的老化情况比较严重,难以承载用电与新能源接网的大量需求。

三是市场自由化程度高。以得州为例,得州电力市场中只有能量市场,没有容量市场,使得电力供应紧缺情况下,没有可直接调用的备用容量,而全部交由市场价格信号进行调节。这使得得州日常电价较为低廉(没有容量费用),但在寒潮、高温等突发事件下,价格波动较大,如 2021 年寒潮期间持续保持在 9 美元/(kW·h)的最高限价,2023 年高温期间在一天内飙升 8 倍,达到 3.4 美元/(kW·h)。

5.3.2　重点举措

(一)改革电网投资规划机制

2024 年 5 月,美国联邦能源监管委员会(FERC)发布了 FERC 1920 号令,提出了新的输电规划和成本分摊规则。新规则提出加快电网建设，以适应不断增长的能源需求，特别是由于人工智能和其他技术的发展所导致的能源需求激增，并提高电网对极端天气事件的抵御能力。同时，FERC 提出改进并网流程，加快可再生能源项目并网速度等要求，提高电网的效率和可靠性。

一是整合输电运营商的长期建设规划。以往美国的输电运营商对自身电网建设的规划不受联邦约束，规划周期与重视程度各不相同，1920 号令要求输电网运营商制定未来 20 年的长期电网规划，每 5 年对规划进行一次更新，还必须考虑规划的经济性、可靠性和极端天气的影响。

二是为电网升级中的技术问题提供了一系列标准化的指导。推荐动态线路容量指标、新型潮流控制设备、新型电气开关等技术指导，并预测，相比当前水平，到 2030 年美国电网输电能力需提升 60%，投资规模达 3300 亿美元；到 2050 年，电网输电能力需提升 3 倍，投资总需求达 2.2 万亿美元。

三是制定了电网建设及升级改造的成本分摊规则。1920 号令要求允许公用事业公司、电力设备供应商及州政府设计与各自投入资金规模相匹配的成本分配方案，确保为电网的升级改造和运维提供相应的资金支持。此外，FERC 还将继续推行在建工程（CWIP）激励机制，允许电网运营商在项目建造过程中回收成本。

四是提升电网公司在规划过程中的透明度。1920 号令要求电网公司在电网规划流程内召开利益相关方参与的会议，保障规划方案的公开透明。同时，在合适时机更换现有输电设施的运营主体，从而整合输电资源，提高输电能力。

但同时，1920 号令也面临很大的推行阻力。跨州输电线路建设难以协调好各州利益，且由于 1920 号令的主要目的是为电网规划提供联邦层面的协调整合，实质上削弱了各州政府的主导权。1920 号令以公开发表长文的形式进行了争论，反对意见就主要集中于州权的削弱，执行将经过长期的政治博弈。

（二）加强技术创新布局

2024 年 4 月，美国能源部授权发布《商业腾飞之路：创新型电网部署》，向社会大众宣传美国政府机构对当前新型电网技术商业化进展，以便更好地开展

《基础设施投资与就业法案》和《通胀削减法案》的资助工作。

一是聚焦相对成熟技术的应用创新，发挥好对传统电网投资的替代性作用。 提出了先进传输、态势感知、电网增强、数字化4大类共20项技术，主要是将已有的直流输电、无功控制、状态估计等成熟技术，与新型功率器件、柔性交流输电技术、实时动态计算方法进行复合创新，实现短期内增容、提升调控能力等应用目标，进而发挥出部分替代传统电网增容的作用，高效解决输电通道问题。预计通过部署新型电网技术可满足2000万~1亿kW的新增负荷，并推迟5年电网50亿~350亿美元的投资。

二是鼓励各类应用创新技术的商业化运营。 依托在电力公用事业部门中部署的6~12个大型试点，建立公开透明的试点运行数据库，向各类市场主体公开试用成效，以提升其市场接受度或及时发现技术缺点。将新型电网技术纳入科学规划与投资决策，综合考虑新技术的成本效益、社会效益及对电网整体性能的提升，制定科学合理的投资方案，以确保新技术的商业应用与电网发展有效协同。推动新型电网技术的标准化实施与运维，提升新技术的部署与应用效率。并加强政策激励，保障电力公用事业部门提升部署新技术的收益，确保电网企业能够从创新技术应用中获得合理的经济回报，激发新技术投资热情。

（三）提升电网与分布式电源间的柔性接入水平

2024年3月，美国加州正式允许分布式电源以柔性方式接入电网，前提条件是遵守给定的发电容量限制曲线，超过该曲线的部分电力可通过柔性技术阻止上网。通过这种方式，可使电网尽量增加分布式电源的并网能力，降低扩容压力。为推动柔性互联技术落实应用，加州要求电力公司按节点、分时段公布相关承载力细节数据。柔性接入与传统接入方式对比见图5-50。

在分布式电源渗透率较低的情况下，考虑到电网的现有容量，无需进行升级。一旦达到现有容量限制，常规扩容的成本（绿线）可能远高于要求分布式电源柔性接入的成本（蓝色虚线）。随着渗透率的提高，接入容量增加，电网扩容的单位成本会下降，与此同时，柔性调控的约束条件增加，可节省的单位成本也会增加。在渗透率足够高的情况下，成本最低的方法（突出显示的浅蓝色线条）仍将是电网扩容。柔性接入下的扩容成本分析见图 5-51。

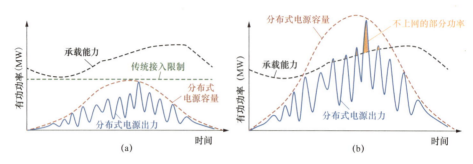

图 5-50　柔性接入与传统接入方式对比

（a）传统接入方式；（b）柔性接入方式

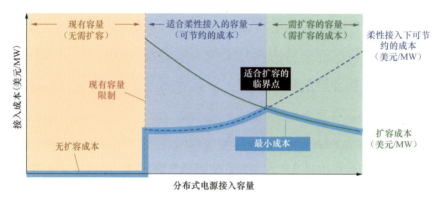

图 5-51　柔性接入下的扩容成本分析

5.3.3　相关启示

一是提高电力系统规划过程的全行业协同水平。与国土空间规划协同，保障城镇中心高负荷密度地区的电网建设空间，降低远离负荷中心的边远地区电网建设难度。与能源行业协同，在供电容量不足（农村）、负荷波动大（高速服务区充电）的地区，探索光储充一体化、微电网、台区互济等新技术新模式，协同解决高峰期供电问题。

二是推进电力市场交易机制进一步有序开放。在电力现货交易方面提升市场活力，使价格信号准确反映电力供需变化，利用市场价格信号优化配置资源；电力辅助服务落实"谁提供、谁获利；谁受益、谁承担"的市场细则，准确对接调节需求与调节成本，促进各场景调节服务有序、可持续开展。

三是以标准化方式提升电网基础设施抵御极端条件的能力。结合中国各地区差异化情况，高标准梳理总结各类暑热高温、雨雪低温、来水减少、无风无光等极端气候条件下的应对措施和对应技术标准，分级分类出台相应导则，视经济条件与本地态势，逐步提高相关装备的建设与改造标准，系统化提升灾害应对能力。

（本节撰写人：吴洲洋　审核人：代贤忠）

5.4　日本电力系统

5.4.1　转型背景

传统能源目前仍然是日本最主要的能量来源，然而日本能源资源匮乏，是能源自给率最低的国家之一，加之自然条件受限，比如适合铺设太阳能面板的土地面积少，适合海上风电的海域面积仅为英国的 10%并且发电效率仅为欧洲国家的一半，因此，日本短期内难以摆脱对传统能源的高度依赖。

日本电动汽车和充电桩的发展均处于起步阶段，保有数量少，但增长速度较快。截至 2023 年 3 月，日本电动汽车保有量合计约 41 万辆，占比不足 1%。电动汽车 2030 年的销售目标是增加 10 倍，达到 80 万~120 万辆。截至 2023 年底，日本充电桩共 3 万座，2030 年计划建成充电桩 30 万座，其中快充 3 万座，平均充电功率将提升为 80kW；慢充 27 万座，普及发展 6kW，允许设置 10kW 充电桩。

2012 年出台可再生能源固定价格收购制度（FIT）后，可再生能源得到迅猛发展。从 2012 财年到 2021 财年，日本新能源装机容量增长了 3.3 倍，发电量增长了 4.3 倍。但是，在能源转型的背景下，新能源将持续高速发展，其消纳问题将日益突出。为此，从 2018 年第一次开始出现弃电情况后，日本经产省就着力组织研究应对措施。近年来，业内对如何缓解新能源弃电的基本原则逐步达成共识，并不断完善相关具体举措。

5.4.2 重点举措

一是将市场价格信号作为提升电网运行灵活性的关键因素。采用电力市场价格信号引导供需行为变化是电网运行优化的重要方向。考虑到市场价格信号可以反映出市场中的电网状态，市场参与者可以依据价格信号进行预测和行动，从而改善电网运行状况，通过以不同层级电力市场耦合协同、区域性边际价格、分布式市场等方式推进电力市场优化，提升电网运行灵活性。

二是应用数据分析技术解决电力设备可靠性问题。通过对当地气象、设备投运历史等数据进行综合分析，预判隐患缺陷，提前优化安排人力消缺，解决由大风导致的高压线路断线问题；使用开放数据，通过 GIS 可视化创建专门针对岛屿的故障率预测模型，解决岛屿地区特有的高压线路断线问题；利用数据综合分析变压器年限、容量、厂家信息以及所处生态环境等因素，确定漏油风险设备排序、制定检修计划，解决柱上变压器锈蚀漏油问题。

三是实施全面电力防灾救灾措施。在事前应对灾害防控方面，通过实施 24h 监控、完善抗灾设计、灾害恢复演习等措施，有效提高抗灾能力，减轻灾害对电网设施影响。在事后应对灾害响应方面，通过加强与地方政府、其他公用事业、行业和基础设施供应商的合作等方式，确保在全国范围内迅速恢复电力；在设备需要长时间恢复的地区，考虑电源替代方法，实现电力故障恢复多样化；根据灾难规模建立响应系统，在灾难后 48h 内评估损害并确定恢复优先级，规划恢复工作。

四是精准管理优化电力设备更换方式。从欧洲引入"资产上限系统"，对电网投资和成本优化进行严格管控，采用精益优化的方式更换老旧设备；基于设备风险指标，评价设备当前和未来损坏风险，据此对 9 类关键设备制定中长期（5 年、30 年）设备更换计划；设备更换管理模式转向基于风险和价值评估的精准管理模式，确保每一起设备更换都是有价值的投资。设备更换管理主要包含设备状态管理、实施风险和价值评估、计算设备风险和成本投入最优点、制定更换计划 4 个步骤。

5.4.3　相关启示

一是强化市场价格信号的引导作用。增强价格信号的透明度和实时性，建立更为精细化的价格体系，不仅要有整体的电价，还可以根据时段、地区、用户类型等设定不同的电价，以更精确地引导供需行为；利用价格信号促进技术创新，高价格信号可以激励新技术、新方法的研发和应用，以降低生产成本，提高市场竞争力。

二是加强数据分析技术的深刻应用。建立大数据平台，整合各类数据资源，包括气象、设备状态、用户用电行为等，为深度分析提供基础；引入高级算法，利用机器学习、深度学习等先进技术，对数据进行深入挖掘，发现隐藏在数据中的价值；实现预测性维护，通过数据分析，预测设备可能出现的问题，提前进行维护，避免大规模停电等事故的发生。

三是促进可再生能源的消纳与布局。加强电网建设，特别是跨区域的电网互联，以提高可再生能源的输送和分配能力；发展储能技术，有效解决可再生能源的间歇性问题，提高其利用率；尽快建立健全绿色电力证书交易机制，通过市场机制，激励可再生能源的生产和消费，促进其消纳。

（本节撰写人：丁玉成　审核人：谢光龙）

5.5　欧 洲 电 力 系 统

5.5.1　转型背景

2019 年，欧盟提出碳中和发展目标，致力通过能源系统升级转型、各领域各部门协同等措施，加快欧洲碳减排进程，到 2050 年实现净零排放。欧洲作为全球经济相对较发达地区，是应对气候变化、推动绿色低碳发展、减少温室气体排放等的倡导者和先行者之一。欧洲发电和装机结构持续清洁化，部分国家清洁能源装机占比超 40%。

欧洲未来新能源装机将持续快速发展，海上风电、太阳能发电将成主力电源。根据欧洲输电运营商联盟测算，欧洲电力行业需在 2040 年提前实现温室气体净零排放。风电、太阳能发电将逐步成为主力电源，气电将长期为电力系统提供灵活可调节能力。预计 2040 年，风电+太阳能发电占总装机容量的比重将达到 65%（风 30%+光 35%）。其中，海上风电将是可再生能源开发利用的重点。根据规划，预计到 2030 年，欧洲海上风电将增加至 6000 万 kW，到 2050 年增加至 3 亿 kW。气电作为主要调峰电源，2030 年前将维持 13%~15%的比重，2040 年将下降至 9%。2040 年前，欧洲基本完成退煤，装机占比低于 1%。由于抽水蓄能及常规水电的开发潜力有限，其装机总量将维持在 1.7 亿 kW 左右。

欧洲全社会用电量稳定、用能结构均衡，负荷波动较小，未来将会较快增长。过去十年，欧盟和英国总用电量较为稳定，振幅在 3%左右。人工智能、大数据等数字技术是全球技术竞争逐渐加剧下的新一轮竞争中心。数字技术快速发展将推动欧洲电力需求新一轮快速增长。2023 年 9 月，欧盟委员会发布《2023 年欧盟数字化十年状况》报告，全面审视了欧盟实现数字化转型的进展状况，加大了行动力度以重新确立其技术领先地位，并加快数字化转型以增强产业链供应链韧性。由于数据中心的快速扩张，以及电气化过程的逐步回升，高盛预计欧洲的电力需求在未来十年中可能增长约 40%。

5.5.2 重点举措

一是多种因素促进欧洲用户侧储能大规模发展，有效促进分布式新能源就近消纳。在俄乌地缘冲突引发的电力危机促使欧洲用户侧储能存在极大的套利投资价值、欧洲能源政策对储能进行各项补贴、居民用电成本持续上升导致用户用电经济性诉求明显、电力基础设施持续老化促使电力供应稳定性需求增强等多种因素刺激下，欧洲户用光伏大规模发展。2022 年用户侧储能新增装机容量达 9.3GW·h，同比增长 142%，全球占比高达 60%。其中，德国为欧洲户储增长的核心区，与意大利、奥地利、英国构成欧洲四大户储成熟市场，根据 WoodMackenzie 预测，到 2031 年欧洲储能累计装机容量将达到 42MW/89MW·h。用户侧储能大规模应用，直接促进欧洲户用光伏的就近就地消纳，降低新能源的消纳压力。

二是高可调节备用电源维持系统稳定。欧洲较为稳定的用电负荷，保证能源转型过程中有充足的时间和裕度将原有煤电、气电转为可调节备用电源，2023 备用电源装机规模约为最大负荷的 1.2 倍，有效保证新能源消纳。而在俄乌冲突导致的能源危机下，欧洲也放缓退煤节奏，加大煤电机组的备用容量，以降低气电装机容量。以德国为例，能源监管机构表示，在 2026—2027 年冬季期间，为弥补风能和太阳能发电的不足，德国需要将所谓的备用电力容量提升至 9.2GW，是上一个供暖季备用电力容量的两倍，这甚至超过了 2022 年部署的 8.3GW 备用电力容量（以燃煤发电为主）。

三是为满足未来电力需求，欧洲加快电网更新。2023 年底，欧盟委员会公布《电网行动计划》，强调通过加快建设和更新输电及配电网络，确保欧盟电力网络更高效运行，同时电网改造需适应不断增长的可再生能源发电份额，应对能源转型过程中面临的挑战。该计划指出，到 2030 年，欧盟的电力消耗预计将增加 60% 左右。据预测，欧盟为了实现此前设定的减排目标，即到 2030 年将可再生能源在能源总供给中的占比从 2023 年的 22% 提高到 42.5%，风能和太阳能发电装机容量 2030 年达到 1000GW 以上。考虑到欧盟 40% 的配电设备已有 40 年以上的历史、电力跨境传输能力需求预计到 2030 年将增加 1 倍等因素，到 2030 年欧盟将需要 5840 亿欧元投资以实现电网现代化，其中配电网投资约 4000 亿欧元。

四是各交易平台、系统平衡机制将逐步耦合，逐步实现全欧一体化电力市

场。当前由于电网互联程度不足、各交易平台耦合程度不足等问题，欧洲跨国跨区的电力交易存在一定壁垒，系统备用容量主要为分区、分国自主配置。未来，欧洲将逐步建立单一的欧盟跨区域日内电力交易机制，能源的买方和卖方（市场参与者）能够在需要能源的同一天，在整个欧洲进行连续日内交易。同时，逐步完善区域协调机制，实现各区域的系统备用资源的优化配置。

五是欧洲碳-电联动机制，环境溢价置入电价。在欧洲，绿电环境价值变现主要于长期购电协议 PPA（可实现类似国内绿电交易市场的专场交易效果）和现货市场得到体现，这两者变现方式与碳价及碳市场挂钩。此外，也可通过交易欧洲 GO 绿证（欧盟来源担保证书）获得收益。绿电环境溢价与碳价紧密挂钩，而碳价受全社会边际减排成本、供需情况共同影响，碳－电联动机制实现双向作用，碳价推高电价，可扩大绿电环境溢价。

六是英国开发开放式电力平衡平台。2023 年 12 月，英国电网运营商国家电网 ESO 开发了开放式平衡平台，以支持电池储能和小型平衡单元的批量调度，可同时将数百条指令发送这些更小的调度单元，旨在减少调度时间，优化电力平衡，降低系统成本。该开放式平衡平台将在 2024 年和 2025 年快速迭代，并纳入现有的需求响应和备用服务。到 2027 年，开放式平衡平台将逐步复制和取代现有的电力平衡系统、平衡机制和辅助服务调度平台。以电池储能单元为例，开放式平衡平台每小时进行 6 次批量调度，每次将产生 25～50 条指令，预计可以提供 200～500MW 的批量响应，显著提升电池这些较小机组单元的调度次数。

七是英国考虑电源、储能"降级系数"促进容量市场保障电力供应安全可靠。容量市场通过提前 1 年拍卖（T-1）和提前 4 年拍卖（T-4）的方式采购容量，确保了电网在电力供应紧张时有可靠的容量进行调度。容量费与所提供容量的可靠性有关，即可靠性越高，价格越高，这种相关性通过"降级系数"（de-rating factor）来评估。比如燃油、燃气、水力等传统发电降级系数多在 90%以上，风能和光伏电源降级系数小于 10%，近三年有所增大，如 2023 年光伏为 6.4%。储能降级系数取决于其持续时间，2h 的低于 20%，8h 及以上的由 60% 增大至 90% 以上。2021－2023 年英国发电机组、储能降级系数见图 5-52。

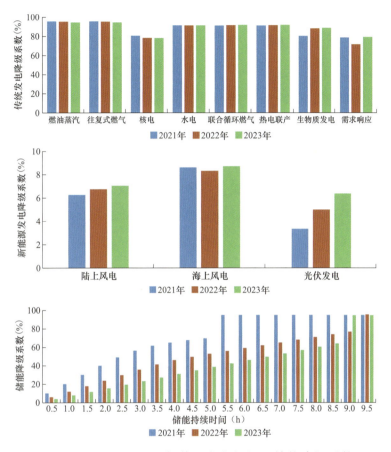

图 5-52　2021－2023 年英国发电机组、储能降级系数

八是德国加速电网建设并简化新型主体并网流程。 为推进可再生能源替代化石燃料发电目标，德国需要新建大规模电网，将风能从多风但用电较少的北部输送到用电多但风力相对较弱的南部。2023 年，德国有近 1400km 的输电线路获批，为 2022 年的两倍，预计 2025 年底新建线路长度超过 4700km。德国联邦经济和气候保护部于 2024 年 5 月实施"认证一揽子计划"，加快光伏发电并网速度，促进屋顶光伏推广应用。该计划将大幅简化并网程序，简化范围从低压光伏推广至容量不超过 500kW。并将创建一个适用于所有电压等级、强制性

的数字化并网注册系统，有效简化并网流程。

5.5.3 相关启示

一是加强分布式资源调度能力建设。大规模分布式电源和多元化负荷接入下，配电网具有分布广、数量多、量级低等特征，调控难度加大。完善电源出力预测和负荷预测精细化管理，提升预测精确性，根据分布式光伏历史出力数据，适应分布式光伏点多、面广特征需求，建立预测模式，利用人工智能、大数据等技术对负荷成分进行剖析，针对不同的成分和影响因素展开精细化的分析和预测，获取准确的负荷预测结果。加大分布式电源可调可控能力建设，推进中、低压配网并网电源遥调功能建设，逐步实现配网电源具备调节有功、无功出力能力。

二是强化各类电源、储能保供容量贡献的有效性评估。借鉴欧美国家容量机制中对各类电源容量贡献有效性评估方法，比如英国电力市场降级因子机制，强化评估各类发电资源在不同条件下的实际有效容量，针对风电、太阳能发电等间歇性能源，由于其输出波动大，通过这种机制更好地衡量其实际贡献，并优化容量规划，避免过度依赖传统化石能源提供备用容量。此外，随着新型储能技术的快速发展，降级因子可以帮助合理评估储能设施在高需求时段的贡献，促进新能源、储能、常规电源高效整合，提高系统容量的可靠性、有效性。

（本节撰写人：刘卓然、张幸　审核人：谢光龙）

5.6　澳大利亚电力系统

5.6.1　转型背景

新能源占比过高对电网稳定性造成较大挑战。随着澳大利亚风电并网规模迅速扩大，装机占比不断提高，在有力促进清洁能源利用的同时，也给电网运行带来了新挑战，突出表现在风电机组转动惯量小、频率及电压调节能力弱、耐受系统扰动能力偏低等。南澳大利亚电网曾因风机大量脱网和风电出力低于预测造成大量用户非计划停电。

随着老旧煤电逐渐退出，以及新能源比例不断增加，澳大利亚电网目前已经接近新能源接入的上限。因大比例居民光伏的接入，现已出现明显鸭形需求曲线，新能源消纳压力加大。且新能源电网接入愈发困难，新项目建成后难以顺利并网，导致澳大利亚新能源业务承包商等企业经营状况恶化、相继退出。

新能源出力波动导致的负电价使得新能源项目难以通过电力现货交易获益。近期的高电价已经由于鸭形曲线的出现导致日间电价大幅下跌，绿证出现供过于求的现象。天然气、煤炭价格大幅下跌，最终导致传统发电的电价下跌，压迫新能源电价。当前负电价已经成为日常的情况下，电力现货交易对于项目的收入已经不是提高项目收益率的因素。

5.6.2　重点举措

一是澳洲能源市场运营中心（Australia Energy Market Operator，AEMO）通过紧急增强分布式电源的可控性和响应能力增强电网稳定性。AEMO 在南澳州设立屋顶光伏紧急关闭机制，在光伏发电的高峰期间，如果采取其他措施不能稳定电网，配电商可以削减屋顶光伏发电，或远程切断其与电网的连接，保证电网安全运行。此外，由于分布式光伏逆变器会因电压下降而与电网自动断开连接，南澳州制定了低压穿越并网测试规范。该规范要求，逆变器在 50V 电压下能够支撑至少 220ms，并在电网故障结束后 1s 内恢复功率，同时强制性要求未来新装机的逆变器必须具备低压穿越功能。

二是 AEMO 通过增加储能和就地消纳资源解决分布式光伏消纳问题。南澳州政府为 4 万个家庭提供安装电池储能的补贴，居民用户能通过补贴计划获得较低成本的融资，以支付电池补贴没有覆盖的部分，也可用于新增光伏板。基于大量的用户侧储能项目，开展了虚拟电厂示范项目，探索分布式储能聚合参与市场交易。

三是澳大利亚国家电力规则规定了电力市场暂停期间的成本补偿机制。根据澳大利亚电力市场成本补偿规则，在市场暂停期间，按照现货价格结算与接受调度机构调度指令而提供电力供应的机组、做出贡献的辅助服务提供商和需求侧响应服务提供商，能够基于基准价格获取补偿收入。AEMO 将根据不同机组类型计算基准价格，包括燃煤燃气机组、水电机组、双向电源、燃油发电等类型。

5.6.3　相关启示

一是建立适应新能源特点的稳定控制系统。分布式新能源大规模接入并网后，需要保障电网的运行稳定性及可靠性，建立适应新能源特点的稳定控制系统，实现切机、切负荷、直流功率紧急提升及回降、快速增减出力等功能。为了实现这一目标，设置主从式单层结构或复合式配电网结构。从电网调度角度考虑，结合分布式新能源接入并网后的特点调整调度方案，减少新能源接入后造成的电网稳定性下降。

二是积极探索新能源就近消纳和全网电力平衡新举措。鼓励新并网项目具备可观可测、可调可控功能，按电压等级纳入电网调控中心调度运行管理。提升分布式光伏发电功率预测能力，科学精准预测发电功率、上网电量等。支持电网企业将分布式光伏发电纳入配电网建设规划并作为重点任务，开展高比例分布式光伏接入配电网工作。

三是加深电力市场监管信息化程度。完善电力市场监管信息化系统，引入更加先进的大数据技术实现对现货市场的实时监测十分必要。AEMO 在官方网站平台上及时提供与 NEM 运行有关的包括辅助服务、计量、网络和结算的最新数据和预测，同时对历史数据进行统计整合，便于监管机构查询分析，实现了电力市场监测信息化。国内监管机构应完善数据收集和存储，建立高效的系统和平台，利用大数据技术加深电力市场监测信息化程度。

四是完善可再生能源参与的市场机制。由于可再生能源发电具有灵活性、波动性和边际成本低但综合投入成本较高的特点，大规模可再生能源电力消纳面临着挑战。中国可再生能源参与现货市场交易机制尚在探索阶段。国家能源局出台的《关于建立健全可再生能源电力消纳保障机制的通知》，通过完善配额制与电力市场的衔接，使得可再生能源部分参与市场交易，从而吸引更多的市场参与者。在分配可再生能源配额时，需综合考虑各地可再生能源资源条件、原有能源结构、输电能力、用户电价承受能力、用电需求增长等差异性，分区设定各省（自治区、直辖市）的消纳责任权重指标，并结合每年的实施情况对配额进行反馈。

（本节撰写人：熊宇威　审核人：谢光龙）

6

专题研究

6.1　国内外智能微电网发展现状及趋势分析

2021 年 3 月，《中华人民共和国国民经济和社会发展第十四个五年规划和 2035 年远景目标纲要》（简称《纲要》）中首次提出智能微电网的概念。国家发展改革委在《纲要》名词解释中对智能微电网的内涵进行了定义：**智能微电网指由分布式电源、储能装置、能量转换装置、负荷、监控和保护装置等组成的小型发配电系统，通过采用先进的互联网及信息技术，实现分布式电源的灵活、高效应用，同时具备一定的能量管理功能。**一般来说，智能微电网是规模较小的分散的独立系统，是能够实现自我控制、保护和管理的自治系统，既可以与外部电网并网运行，也可以孤岛运行。习近平总书记在 2024 年 3 月中共中央政治局第十二次集体学习再次强调推进智能微电网建设。

根据 GB/T 33589－2017《微电网接入电力系统技术规定》、GB/T 42731－2023《微电网技术要求》等定义，微电网是由分布式发电、用电负荷、监控、保护和自动化装置等组成（必要时含储能装置），能够基本实现内部电力电量平衡的小型供用电系统。电压等级 35kV 及以下，系统最大负荷不超过 20MW。并离网切换时不中断负荷供电，独立运行模式下负荷持续供电时间不宜低于 2h，分布式发电年发电量不宜低于微电网总用电量的 30%，微电网与外部电网年交换电量占比不超过 50%。

6.1.1　现状规模

近十年全球微电网保持较快增长，分布式新能源逐渐成为重要电源。结合世界银行、彭博社微电网统计报告等资料，目前全球微电网装机规模已超过 1 万 MW，北美、亚太、非洲地区的微电网建设规模居于前列。截至 2023 年底，美国微电网装机容量达到 4400MW，主要分布在阿拉斯加、加利福尼亚、佐治亚、马里兰、纽约、俄克拉荷马、得克萨斯 7 个州。东亚和太平洋地区微电网装机规模超过 1500MW，其中日本约 300MW，经济产业省支持了 56 个微电网项目。非洲微电网装机容量达到 1960MW，主要集中于肯尼亚、卢旺达、尼日利亚等国家，在运项目 3174 个。撒哈拉以南非洲、亚洲和小岛屿国家等新兴国家已投运微电网项目 2 万个，其中分布式光伏高占比微电网数量超过一半，为 4800 万人口供电，并计划到 2030 年建成 21 万个微电网，解决 4.9 亿无电人口用电问题。

中国微电网覆盖了居民、工商业、园区、离岛和偏远地区。2017 年 5 月国家发展改革委、国家能源局发布的 28 个新能源微电网示范项目中，园区类有 25 个，注重新能源高比例消纳。2023 年 12 月工信部发布的 19 个工业绿色微电网典型应用场景与案例中，工业企业类有 16 个。工业绿色微电网通过充分利用本地新能源发电减少用户购电成本、无售电资质限制等因素，以吸引用户投资建设。

6.1.2 功能定位

微电网以解决无电人口、增强供电可靠性、促进分布式新能源消纳为驱动力。 结合世界银行、彭博社微电网统计报告❶，**美国**微电网聚焦增强抗灾能力、促进分布式新能源消纳。**日本**微电网重在增强城市和偏远地区电网抗灾能力。**非洲**国家微电网重在通过分布式新能源解决无电人口用电问题。**中国**已投运近 300 个微电网项目，其中"高海边无"地区（高海拔、海岛、边远地区、无电地区）独立运行微电网重点解决无电人口供电，海岛类容量多在数十千瓦，西藏、青海等偏远地区容量可达到数兆瓦；并网运行微电网示范项目以服务新能源消纳、增强供电可靠性为主，容量可达数十兆瓦。

---

❶ 2022 年世界银行依托能源部门管理援助计划，发布《Mini Grids for Half a Billion People》，以解决无电人口为主要目标，统计分析撒哈拉以南非洲、亚洲和小岛屿国家等新兴国家的微电网建设情况。2020 年彭博社发布全球微电网市场分析报告《State of the Global Mini-grids Market Report 2020》。

6.1.3 运营模式

微电网投资运营主体包括电力企业、社会企业、地方联合体等，各国或地区根据发展条件、资源禀赋采取了不同的运营模式。

（1）**美国的微电网项目可由不同主体投资运营，包括私人企业、公共事业公司、政府机构等**。部分工商业用户可通过"微电网即服务"模式投资微电网，以提高供电可靠性和减少电费支出。部分公共事业公司通过投资微电网项目增强供电可靠性和安全韧性。根据美国能源部微电网计划部署，10MW以上微电网建设更有规模效应，未来更倾向部署数十兆瓦级微电网。

（2）**日本微电网的建设运营主体包括多方联合体或公司，并需要取得特定输配电业务、供电或配电事业许可才能运营微电网，电网企业可联合运营微电网但出资比例不超过50%**。日本微电网建设运营主体通过协商共同实施经营管理，日本输配电公司在与其他市场主体（地区政府、社会企业等）组成联合体或设立新公司参与地区微电网建设运营时，出资比例不能超过50%。**特定输配电业务**是指特定输配电公司通过自有输配电设施在特定区域为电力零售企业提供的输配电服务，需要事先向政府申请许可证，前提是不能显著影响电网企业的经营。截至2023年11月，日本共有特定输配电公司41家。**特定供电许可**是允许特定供电企业将工业园区发出的电力向与其有密切关联但位于其他地方的工厂或子公司供电的制度。特定供电企业必须与受电企业在资金、人员、业务方面有密切的关系，需要事先向政府申请许可证，要求供电能力能满足受电方的需求，且不会损害电网公司服务区域电力用户的利益。**配电事业许可**是配电事业者从电网公司、其他配电公司或特定输配电公司接管或租赁设备，或在没有电网线路的地区铺设自己的电网线路，向一般电力用户提供配电服务。

（3）**非洲国家微电网项目的投资运营主体包括政府机构、社会企业、电网企业等**。非洲微电网主体与内部各要素主体之间的协同管理通常涉及项目规划、设计、建设、运营和维护等多个方面。非洲部分国家对微电网准入容量要求门槛许可证，小容量微电网投资门槛低、更易于开发。例如，乌干达微电网容量门槛在 2MW，加纳、尼日利亚在 100kW。

（4）澳大利亚微电网投资主体包括各州政府、联邦可再生能源局、企业、基金公司等，暂无电网企业参与投资和运营的情况。

（5）沙特和阿联酋微电网的投资运营主体主要为 S&C、西门子、霍尼韦尔、ABB、通用等国际知名企业。

6.1.4　发展趋势

随着分布式新能源快速发展、技术创新突破及成本下降，微电网经济可持续性逐渐显现，规模化发展趋势日益显著。针对居民、工商业、园区、离岛和偏远地区等典型场景，未来微电网发展围绕消纳分布式新能源、提升供电普遍服务水平、满足用户供电可靠性要求等个性化供电需求为主。近期，工业企业对降低用能成本、提升出口竞争力、提高供电保障的意愿较强，建设工业绿色微电网的积极性高；服务民生供电保障，积极推进偏远地区微电网建设，重点解决输配电网延伸困难地区无电/缺电及供电质量等问题。中远期，分布式电源、新型储能的技术经济性进一步显现，微电网应用于居民社区、商企用户、乡村乡镇、工业园区等场景，满足用户多元化需求。

到 2030 年，建成一批覆盖偏远地区、部分农村地区和工商业园区的微电网，微电网消纳分布式新能源装机达到数十万千瓦。着力推进发展工商业用户、工业园区等具有较大负荷增长潜力微电网。通过微电网率先实现试点农村地区整村、整乡甚至整县新能源全额消纳。加快提升西部地区供电保障能力，重点解决输配电网延伸困难地区和弱电网地区无电/缺电及供电质量等问题。

到 2035 年，形成面向城市、城镇、乡村各类地区分布的微电网，微电网消纳分布式新能源装机达到数百万千瓦。微电网经济优势逐渐显现，基本具备商业运营经济性。重点解决分布式新能源消纳问题，同时满足工商业用户负荷增长及对供电质量、用能成本等个性化需求。

2050年以后，微电网普遍应用于居民社区、商□、工业园区等场景，满足用户多元化需求，形成开放合作的能源发展生态□□经济优势充分显现，建设重点向改善供电质量、降低用电成本、提高系统运□率方向转移。新能源装机持续增长并逐步替代化石能源发电，配电网调节□□不断提升，分布式新能源消纳困难逐步得到缓解。

6.1.5 积极构建"两自四化"智能微电网的建议

面对分布式新能源、新型储能、柔性负荷等新要素快速发展趋势，市场机制和价格政策不断完善，智能微电网发展亟需有为政府、有效市场、有序组织的协同支撑。需具备"自平衡、自安全、小微化、绿色化、数智化、共享化"的"两自四化"特征。

（1）**自平衡**。就地消纳为主为先、余缺与大电网互动互济，多元负荷统筹发展，实现多能互补、在网离网互联互动，与外部电网年交换电量占比不超过50%。

（2）**自安全**。自身安全可靠运行，主动响应系统调节，责任边界清晰，系统韧性高，并网运行时联络线负荷曲线按计划管控，离网运行时可持续供电重要用户2h。

（3）**小微化**。以分布式新能源为主体的分布式综合能源供应解决方案，主要以35kV及以下电压等级接入电网、互联互动，系统最大负荷容量不超过2万kW。

（4）**绿色化**。积极服务分布式光伏和分散式风电开发，积极推进消费侧电气化低碳化，总体以电为中心，可再生能源发电量占比超过30%。

（5）**数智化**。数智赋能源网荷储高效协同发展，推动配电网管控模式高端化数字化智能化绿色化，激励机制和交易模式灵活高效。

（6）**共享化**。分布式新能源、综合能源、新型用能形式等各类主体和社会资源充分参与，共享技术、机制、模式融合创新的成果。

（本节撰写人：谢光龙 审核人：靳晓凌）

2019－2023 年充电设施保有量及车桩比见图 6-2。

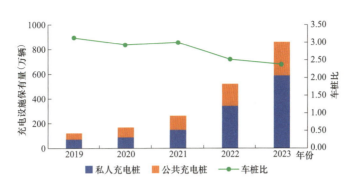

图 6-2　2019－2023 年充电设施保有量及车桩比

新能源汽车充电负荷日内曲线呈现"W 型"特征。充电负荷最高峰出现在午夜零时前后，凌晨快速下降，早间运营车辆出车时段短暂爬升后继续下降，午间爬升至一个相对高峰，傍晚再次降至低谷后，晚间又快速持续爬升。某典型日充电负荷曲线见图 6-3。

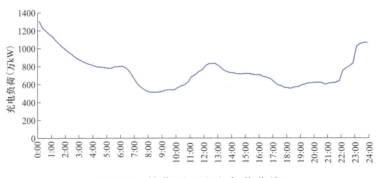

图 6-3　某典型日充电负荷曲线

不同车型的充电特性与车辆用途高度相关。整体上看，不同类型车辆充电负荷均呈现早上/午间小高峰，午夜为最大高峰的特点，但具体特性各有不同，与对应车辆的出行规律相关。私人乘用车充电规律受出行规律影响，大部分充电集中于晚间返家之后，随着充电用户数量的积累，到午夜为充电负荷的最高峰，而由于部分用户午间返家或在目的地充电，午间充电负荷也存在一个相对高峰。其他运营用途的车辆则与其运营规律相关，出租网约车主要受运营时间和公共充电场站的电价影响，会选择在用车高峰期之后电池剩余电量较低且电价较低时充电，因此在白天有多个相对高峰；公交客车受运营排班影响，上午出行的第一批车辆在午间集中充电、晚间运营结束后（除少部分夜班车）则有更多车辆集中充电；轻型物流车则整体上处于全天持续运营状态，集中出行、充电的峰谷特性不明显，充电负荷分布相对均衡。典型日不同车型的充电负荷见图 6-4。

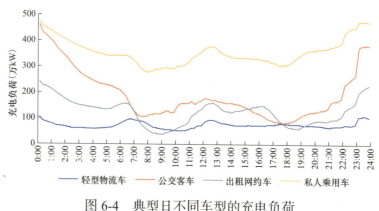

图 6-4　典型日不同车型的充电负荷

6.2.2　充电负荷的可转移特性

分时电价对用户充电行为的引导作用已得到充分验证。由于分时电价设置方式与用户充电周期不同，居民区分时电价对居民区充电负荷的引导效果主要在于将下午、傍晚的充电负荷转移至深夜和凌晨谷段，而在应用工商业分时电价的公共、专用场站，由于各地时段设置更加精细，对充电负荷的引导作用体现为电量向各个谷段集中。

以居民区充电为例，有、无峰谷电价下，用户典型充电曲线如图 6-5 所示（该典型小区的新能源汽车保有量 200 辆、某日最高有 58 辆同时充电，电价峰段为6:00－22:00，价格 0.6 元/（kW·h），其余为谷段，价格 0.3 元/（kW·h）。实施峰谷电价后，中午至前半夜的充电负荷有不同程度的下降，并转移至午夜的谷段，12:00、19:00 的社会用电高峰时刻，充电负荷分别可下降约 40%，8:00－

22:00 的充电电量占比，从 40% 下降至 25%。预计到 2030 年，随着峰谷电价的普及优化和智能有序充电功能的应用，可引导充电电量的 8% 从高峰期间转移至低谷期间。

图 6-5　峰谷电价引导下的典型居民充电负荷

电动汽车可接受充电服务商、聚合商等运营主体的聚合调控，参与需求响应并获取价格补贴。新能源汽车具备数字化属性，各级充电服务及监测平台的建设，使电动汽车、充电桩具备数字化监测管理和运营服务能力，可以及时掌握车辆、充电桩的实时运行状态，能够对于异常状态提前预警和管理，具备对充放电行为进行远程调度和控制，保障车、桩安全高效运行。目前，超过 20 个省市发布了电力需求响应政策，也有多地启动了车网互动参与需求侧响应的试点，对聚合参与调节响应做了技术和商业机制验证。

电动汽车还可进一步接受电网直接调控，可在不影响用户充电的前提下，发挥充电负荷的系统实时动态平衡支撑作用。居民区停车位充电驻留时间长，在分时电价引导的基础上，通过开展电网直接调控，可将充电负荷进一步转移至凌晨负荷深谷时段；公共、专用场站接受电网实时调控，也有利于满足时间尺度更短（如调频）的实时调节需求。

在以上几种负荷转移形式下，具备双向充放电（V2G）功能的电动汽车还可向电网放电，发挥电力应急保供功能。私人乘用车单体资源小、分布广，主要可在电力供需偏紧时，通过提高电力价格或提供响应激励，引导用户接受放电控制，为电网供电。按私人乘用车平均放电功率 10kW，单次可用于放电的电量 30kW·h，2030 年可参与 V2G 的用户占比 17%估算，私人乘用车放电实现应急供电能力达到 640 万 kW/2100 万 kW·h。中重型货运及专用车单体电池大、有固定的运营主体，可在发生停电故障或重大保电活动时，发挥类似于应急发电车的功能。按中重型货运及专用车平均放电功率 480kW，单次可用于放电的电量 600kW·h，2030 年有 12%的车辆处于闲置状态且可用于应急供电估算，中重型货运及专用车的应急供电能力可达 330 万 kW/400 万 kW·h。

综上所述，新能源汽车兼具荷储的属性，具有较强的负荷调节能力，可以参与电力平衡调节。从电网视角看，可以发挥以下三方面的作用：一是有利于电网削峰填谷，降低峰谷差，提高电力系统运行效率和区域新能源汽车充电接入规模；二是在新能源出力高峰时充电，助力提升光伏、风电消纳，促进新能源发展；三是在电力供需紧张时可以向电网放电，提高电力供给能力，保障电力电量平衡。

6.2.3 推进车网互动进一步规模化应用的措施建议

一是加快建立车网互动市场化机制。锚定充换电基础设施与新型电力系统融合发展的战略目标，加快推动充电分时电价的普及落地和灵活调整机制，探索车网互动放电价格机制、容量电价机制及其参与现货市场和辅助服务市场路径，激励车网充分协同，兼顾用户充电需求和电力供需优化需求。

二是加快建立支撑规模化车网互动的数据和平台体系。尽快出台政策明确国家级、省级平台、运营商等各级充换电基础设施运营监管平台互联互通、数据共享和治理监管架构，推动建立各级充换电基础设施运营监管平台与电力系统的营销、调度、交易等系统平台的对接机制和安全防护措施。

三是加快推动车网互动重大试点示范落地和推广应用。根据不同区域不同场景特点，因地制宜，推动充换电基础设施关键技术、重大工程、政策机制、发展模式等重大示范，探索多元化的规划建设和运营服务模式及其配套支持政策，广泛积累试点示范经验，为下一步推广提供决策支撑。

（本节撰写人：吴洲洋　审核人：代贤忠）

6.3　新型电力系统适应气候风险的主动安全防御策略

全球气候系统的不稳定性加剧，极端天气、自然灾害的多发性、突发性、严重性日益突出，并向非传统受灾地区蔓延，已成为威胁电力安全的重要因素。近十年来，影响人口超过 100 万的国际大停电事故中，接近一半由极端天气、自然灾害引发。

6.3.1　气象灾害总体特征

2000 年以来，全球气象灾害发生的频率显著增加，尤其是洪水、极端天气等。1970－2024 年全球自然灾害事件发生次数见图 6-6。

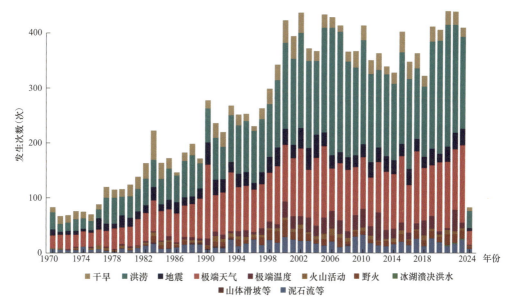

图 6-6　1970－2024 年全球自然灾害事件发生次数

从中国灾害总体来看，自然灾害综合风险、综合减灾能力总体呈现东中部高西部低、东强西弱格局。根据 2024 年第一次全国自然灾害综合风险普查公报，全国自然灾害高、中高综合风险区面积约占全国陆地面积的 11.5%，主要分布在华北平原、东南沿海、长江中游地区、黄土高原西部、云贵高原以及东北平原。分区域看，东部地区综合减灾能力为强、较强的县级行政区数量占本地区县级行政区总数量的比例分别为 30.8%、30.7%，弱等级比例为 0.7%，中部地区弱等级比例为 0.7%，西部地区弱等级比例为 10.2%，东北地区弱等级比例为 7.5%。

气象灾害占自然灾害的 70% 左右，近年来具有发生频率高、分布面广的特点。从气象灾害风险看，台风高风险区从沿海地区向内陆延伸，暴雨高风险区分布在华南、长江中下游和四川盆地东部等地（面积占 9.8%），低温高危险区主要分布在中北部地区（面积占 22.9%）。

对于雨雪冰冻灾害，覆冰带北扩趋势已形成，覆冰舞动范围逐年增大，未来冻雨可能以更广范围、更高频次、更大强度出现，对电网设防能力提出更大挑战。 按照中国气象局统计，2023－2024 年"12·15""1·31""2·18"三轮雨雪冰冻灾害过程，均发生超百万平方公里的大范围冻雨。从电网影响来看，华北、华中传统覆冰、舞动区域，以及东北、苏北等非传统覆冰、舞动区域，均发生严重覆冰或强舞动灾害。

对于台风洪涝灾害，北上台风比例增多，降雨带进一步北移，华北、东北等非传统台风影响区域，出现百年不遇的极端强降雨和洪涝灾害。 受热带气旋影响，台湾、福建、浙江、上海等东南沿海为中国台风常年多发区域。2016 年以来登陆闽浙沪沿海的台风共 20 个。2019 年出现的超强台风"利奇马"具有发展周期久、登陆强度强、陆上滞留时间长、风雨强度大、北上影响范围广、灾情重的特点。2023 年夏季"杜苏芮""卡努"双台风效应，导致华北、东北等地遭受极端强降雨洪涝。

6.3.2 气象灾害影响机理

雨雪冰冻、台风、暴雨洪涝等气象灾害一方面影响电力供应和需求，造成电力基础设施严重损坏，对电网防灾抗灾能力提出更大挑战，可能引发大面积停电；另一方面通过加重影响水、气、热等基础设施，衍生影响社会生产生活。气象灾害影响路径示意见图 6-7。

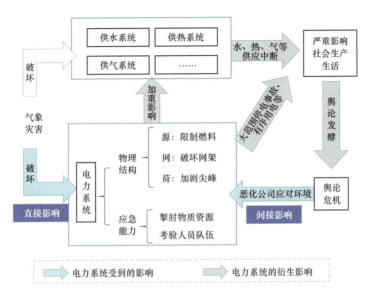

图 6-7　气象灾害影响路径示意

一是加剧电力供需矛盾。影响发电厂燃料正常供应，比如煤炭运输路况恶劣、天然气输送管道压力降低、光照强度减弱等；破坏发电厂相关设备，造成出力障碍，比如雨夹雪、台风等导致风机叶片结冰、电厂设备损坏等；极端天气引起的温度变化将显著影响电力负荷，加剧冬夏负荷的双尖峰化特征。

气象灾害对电力平衡影响加大，源荷大幅逆向波动，电力供应保障能力有待加强。风、光、水等可再生能源"极热无风、极旱缺水、晚峰无光、极寒故障"等问题突出，叠加高热、极寒天气带来负荷大幅攀升，导致电力供需平衡面临巨大挑战。以寒潮过程为例，新能源出力显著下降，采暖负荷快速拉升，全国范围内供需两侧可形成超过 3 亿 kW"剪刀差"，大幅加剧电力平衡难度。

二是破坏电网设备网架。设备方面，冰冻、暴雨、强风等具有降低电网设备性能或直接损坏的能力，考验电网设备抵御水平；网架方面，严重覆冰、舞动现象导致跳闸、断线等故障，使电网进入不完整运行方式。

覆冰、山火、雷暴等灾害与微地形微气象叠加，影响网架结构完整性和运行方式灵活性。极端气象极大加剧了外部环境变化对电力系统平衡和安全的影响，由以往的主要影响负荷侧、部分影响电网侧发展为对源、网、荷三侧产生深度影响，给电网安全运行和电力保供带来严峻挑战。同时，极端灾害下部分地区电网设备设防标准偏低，抗灾能力还需针对性加强。近年来洪涝造成变电站停运、特高压塔基长期浸泡，雨雪冰冻造成超特高压线路倒塔断线，反映出部分电力设备设计设防标准偏低，部分传统设计标准已经不能满足冻雨带北扩、冰区变化、台风北抬等实际需要。

三是制约应急资源配置。道路结冰、泥石流等次生灾害，造成抢修装备、后勤保障、人员队伍等应急资源的调配、运送以及现场协调难度陡增，导致抢修恢复陷入被动。

6.3.3　主动安全防御能力提升策略

结合能源转型、气候变化下新型电力系统安全运行新特征，需要坚持底线思维和极限思维，考虑灾害全过程应对需求，系统构建电力防灾抗灾主动安全防御策略，夯实电力系统本质安全基础，提升灾害应急处置能力。

一是提升极端情况下电力系统容灾备份能力。按照灾害严重程度分级分区落实电力基础设施规划标准，在灾害重点防范区适当提高电力设施设防标准，对重要电力设施加强规划选址论证，避开灾害易发区域，提升电力基础设施本质安全水平。完善电力应急资源储备体系，加强技术、人员、信息共享，统筹推进"平急两用"电力基础设施建设，促进平战快速切换。因地制宜利用分布式能源、微电网等新型应急保障单元，提升极端情况下供电能力。加强电力应急能力建设，推动电力应急体系融入国家大安全大应急框架，提升跨企业跨区域救援的重特大突发事件的协同应对实战能力。有效推进本地应急保障电源建设，重要用户应根据要求配置自备应急电源，加强移动应急电源统筹调配使用，在重点城市加快建成坚强局部电网。

二是提高电力气象灾害监测预警能力。加强关键电力设施的全覆盖式在线监测，推进多种监测方式协同作业模式，保证能够实时监测关键电力设施状态。不断改进优化现有监测以及灾害预警算法，提升算法的准确率，提高算法的计算效率，缩短数据处理时间，保证监测的实时性以及准确性。强化极端天气监测预警和信息共享，利用卫星、自建监测点、公共气象数据等数据及覆冰、山火、台风等多灾种监（预）测预警中心，做好与国家相关部委和地方政府的信息互通、人员互助，实现气象灾害多层次监测和预警快速权威发布。加强对新能源出力大幅波动、极端天气过程等场景的预防预控，确保电网安全运行。

三是强化电力防灾抗灾技术创新支撑能力。统筹电力、气象、交通、通信等专业资源，打破数据壁垒，加强集成贯通，完善由电力专网、卫星通信与4G/5G通信等多网融合的气象灾害通信系统，深化无人机、AI 技术、可穿戴设备等先进技术应用，实现电力运行、设备状态、物资调配、GIS 等信息的互联互通和资源共享，确保超强台风、暴雨等极端天气下应急处置实时化、可视化、智能化、数字化，有效提升极端天气应对能力。推进电力应急科技自主创新，全面梳理应急业务需求，明确先进技术研究结合点，依托企业内外应急研究机构，优化整合各类科技资源，扎实推进关键技术研究，强化技术创新与产业化发展衔接，加速科技成果转化及产业化应用。

（本节撰写人：王旭斌　审核人：韩新阳）

参 考 文 献

［1］欧阳昌裕. 新型电力系统规划要充分发挥现代电力治理体系效能［J］. 中国电力企业管理，2024，（16）：18-21.

［2］国网能源研究院有限公司. 中国能源电力碳达峰碳中和路径与重大问题分析［M］. 北京：中国电力出版社，2023.

［3］中国电力企业联合会. 中国电力行业年度发展报告 2021－2024［M］. 北京：中国建材工业出版社，2021－2024.

［4］国家统计局. 中国能源年鉴：2005－2023［M］. 北京：中国统计出版社，2005－2023.

［5］国家能源局. 2023 年全国电力工业统计数据［EB/OL］. https：//www.nea.gov.cn/2024-01/26/c_1310762246.htm.

［6］中国电力企业联合会.2024 年上半年全国电力供需形势分析预测报告［EB/OL］. http：//www.cec.org.cn/upload/website/detail/index. html?3-33294.

［7］电力规划设计总院. 中国电力发展报告 2024［M］. 北京：人民日报出版社，2024.

［8］中国信通院. 中国绿色算力发展研究报告（2024 年）［R］. 北京，2024.

［9］中国电力企业联合会，国家电化学储能电站安全监测信息平台. 2023 年度电化学储能电站行业统计数据［R］. 北京，2024.

［10］国家能源局. 2024 年度电力可靠性关键指标［R］. 北京，2024.

［11］何胜，徐玉婷，陈宋宋，等. 我国电力需求响应发展成效及"十四五"工作展望［J］. 电力需求侧管理，2021，23（6）：1-6.

［12］王仲颖，郑雅楠，王心楠，等. 京津冀电力系统灵活性提升的潜力与路径［J］. 电力决策与舆情参考，2020，36.

［13］Paul Albertus，Joseph S. Manser，and Scott Litzelman. Long-Duration Electricity Storage Applications，Economics，and Technologies［J］. Cell Press，4，2020：21-32.

［14］Bloomberg NEF. 2024 Long-Duration Energy Storage Cost Survey［R］. 2024.

［15］范越，李永莱，舒印彪，等. 新型电力系统平衡构建与安全稳定关键技术初探［J］. 中国电机工程学报，2024，45（1）：14-25.

［16］ENTSO. Power Statistics［EB/OL］. http：//www.entsoe.eu/data/ power-stats/.

［17］EIA. Total electric power industry summary statistics［EB/OL］. https：//www.eia.gov/ electricity/annual/html/epa_01_02.html.

［18］Globaldata. Countries［EB/OL］. http：//power.globaldata.com/ Geographphy/Index.

［19］IEA. World Energy Outlook 2023 ［EB/OL］. https：//www.iea.org /reports/ world-energy-outlook-2023.

［20］IRENA. World Energy Transitions Outlook 2023：1.5°C Pathway ［EB/OL］. https：//www. irena.org/Publications/2023/Jun/World-Energy- Transitions-Outlook-2023.

［21］IRENA. Renewable Power Generation Costs in 2023［EB/OL］. https：//www.irena. org/ Publications/2024/Sep/Renewable-Power-Generation-Costs-in-2023.

［22］Yoh Yasuda，Lori Bird，Enrico Maria Carlin，et al. C-E（curtailment-Energy share）map：An objective and quantitative measure to evaluate wind and solar curtailment［J］. Renewable and Sustainable Energy Reviews，vol. 160，2022：1-14.

［23］全球能源互联网发展合作组织. 全球电力发展指数研究报告［R］. 北京，2024.

致　　谢

本报告在调研收资和编写过程中，得到了国家电网有限公司政策研究室、发展策划部、安全监察部、市场营销部、科技创新部、国际合作部、国家电力调度控制中心以及北京电力交易中心有限公司等的悉心指导，得到了中国电机工程学会、中国电力企业联合会、中国能源研究会、国家发展和改革委员会能源研究所、国网经济技术研究院有限公司、中国电力科学研究院有限公司、全球能源互联网发展合作组织、中国华能集团有限公司低碳城市研究院、华北电力大学、北方工业大学等单位相关专家的大力支持。

借此机会，诚挚感谢各位专家对本报告的框架结构、内容观点提出的宝贵建议：

王志轩　张义斌　林卫斌　张晶杰　谭忠富　周喜超　李建林　张卫东　袁家海